POESIA ERÓTICA EM TRADUÇÃO

COMPANHIA DE BOLSO

O cavaleiro inexistente
Italo Calvino

Che Guevara: a vida em vermelho
Jorge G. Castañeda

Agosto
Rubem Fonseca

O livro das religiões
Jostein Gaarder, Victor Hellern, Henry Notaker

O silêncio da chuva
Luiz Alfredo Garcia-Roza

Auto-engano
Eduardo Giannetti

Declínio e queda do Império Romano
Edward Gibbon

O processo
Franz Kafka

Uma história da guerra
John Keegan

Cem dias entre céu e mar
Amyr Klink

Boca do Inferno
Ana Miranda

Nova antologia poética
Vinicius de Moraes

Além do bem e do mal
Humano, demasiado humano
Friedrich Nietzsche

Poesia erótica em tradução
José Paulo Paes (Org.)

Poesia completa de Alberto Caeiro
Fernando Pessoa

O povo brasileiro
Darcy Ribeiro

O Evangelho segundo Jesus Cristo
José Saramago

O julgamento de Sócrates
I. F. Stone

Estação Carandiru
Drauzio Varella

Clarissa
Erico Verissimo

POESIA ERÓTICA EM TRADUÇÃO

Seleção, tradução, introdução e notas
José Paulo Paes

COMPANHIA DE BOLSO

Capa
Jeff Fisher

Revisão
Renato Potenza Rodrigues
Vivian Miwa Matsushita

Dados Internacionais de Catalogação na Publicação (CIP)
(Câmara Brasileira do Livro, SP, Brasil)

Poesia erótica em tradução / seleção, tradução, introdução e notas de José Paulo Paes. — São Paulo : Companhia das Letras, 2006.

ISBN 85-359-0797-1

1. Amor na literatura 2. Poesia erótica — Coletâneas I. Paes, José Paulo Paes, 1926-1998.

06-0728 CDD-809.933538

Índice para catálogo sistemático:
1. Poesia erótica : Coletâneas : Literatura 809.933538

2006

EDITORA SCHWARCZ LTDA.
Rua Bandeira Paulista, 702, cj. 32
04532-002 — São Paulo — SP
Telefone: (11) 3707-3500
Fax: (11) 3707-3501
www.companhiadasletras.com.br

SUMÁRIO

NOTA LIMINAR

Esta coletânea nasceu quase que por geração espontânea. Anos atrás, por incitamento de James Amado (não fosse ele o resgatador de uma poesia chamada Gregório de Matos), dispus-me a pôr em português os *Sonetos luxuriosos* de Aretino, trabalho que me abriu os olhos para uma área clandestina e menosprezada da criação poética pela qual desde então comecei a me interessar. Interesse de tradutor e poeta, apresso-me a esclarecer, não de erudito ou especialista. Publicada a versão de Aretino, tomei gosto pela coisa: sempre que o acaso das leituras me levava a algum poema erótico de meu agrado, procurava traduzi-lo pelo só prazer de traduzir. Quando essas versões ocasionais já chegavam à casa de uma vintena, surgiu a natural tentação de publicá-las em livro, pois seria meio impraticável divulgá-las na imprensa: a permissividade de nossos dias tem seus limites de ordem prática. Foi então que o plano de uma coletânea de poemas eróticos se definiu. Incomodando amigos de boa biblioteca e recorrendo à ajuda de livreiros, comecei a fazer um levantamento de fontes acessíveis para selecionar os textos que me parecessem mais representativos. A obtenção dessas fontes envolveu dificuldades e desapontamentos de vária ordem. Perseguida pelo filisteísmo e pela hipocrisia, a literatura erótica viveu há até pouco confinada às edições clandestinas, muitas de circulação restrita entre colecionadores. Por exemplo: na *Notice sur les écrivains érotiques du quinzième et du commencement du seizième*, uma rara edição belga de 1865 que me foi conseguida pela livraria Torre de Babel, há referências a grande número de poetas italianos dessa época que escreveram obras de caráter erótico-fescenino. Deles, só consegui ter acesso a Aretino, e assim mesmo (graças aos préstimos de Wilson Martins) sob a forma de xerocópia de um exemplar existente na biblioteca pública de Nova York; fora-me impossível conseguir-lhe os poemas na Itália.

Diante de percalços dessa natureza, vi que o jeito era contentar-me com a bibliografia mais acessível, notadamente a meia dúzia de antologias do gênero que vão indicadas nas notas finais do volume. Aliás, nem era preciso mais, pois a coletânea tinha ambições modestas. Não haveria de ser obra de erudição, mas de divulgação, como aliás toda a minha atividade de ensaísta e tradutor. Ambicionava tão-só oferecer ao aficionado de poesia um elenco de textos que não fosse grande a ponto de tornar a leitura cansativa nem restrito a ponto de não ter um mínimo de representatividade. Antes de falar do critério de seleção desse elenco, acho indispensável esclarecer que duas limitações o informaram desde o início. Em primeiro lugar, como acentua o subtítulo da coletânea, aqui só constam textos traduzidos, donde ter ficado necessariamente de fora a poesia erótica em língua portuguesa, da qual, pelo que tenho notícia, já foram feitas antologias específicas no Brasil e em Portugal. Em segundo lugar, por serem todas versões diretas (a versão indireta de poesia, embora possa justificar-se em certos casos, sempre me pareceu prática arriscada), tive de limitar-me aos idiomas dos quais tenho algum conhecimento. Mesmo no caso do *partimen* provençal, dos poemas folclóricos calabreses e do soneto romano de Belli, língua e dialetos que desconheço, procurei decifrar os textos originais com a ajuda de glossários e confrontá-los com as versões em francês e italiano moderno de que parti, a fim de respeitar-lhes o essencial da forma e do conteúdo. Esta segunda limitação excluiu *in limine* tanta coisa, que seria exaustivo pormenorizar. Diga-se apenas que ficou de fora todo o Oriente, onde há tanto por garimpar.

No processo de seleção de textos, inclinei-me para os que Richard Eberhart chama de "poemas sexuais explícitos". Conforme o caso, o grau dessa explicitação pode variar aqui do fescenino ao alusivo, mas nunca a ponto de este fazer perder de vista o que o outro nomeia sem mais aquela. Tanto quanto pude, busquei equilibrar, no elenco de autores, nomes conhecidos com nomes desconhecidos do comum dos leitores. Para não comprometer o equilíbrio de conjunto da coletânea, que visa a dar um sumaríssimo panorama da poesia erótica do Ocidente, da Antigüidade clássica aos dias de hoje, evitei privilegiar os contemporâneos, entre os quais seria menos difícil encontrar material antologiável, ainda que não — mais uma vez — de "grandes" nomes. Quanto ao estudo introdutório, procurei manter-me fiel, no tom da linguagem e na medida da informação, aos propósitos de divulgação por que me guiei desde o princípio. O mesmo vale para as notas de fim de volume, se bem possam elas pecar por redundância no caso de figuras de domínio público como Goethe, Baudelaire e alguns mais.

Não poderia terminar sem uma referência aos amigos que, através de indicações de fontes, oferta e empréstimo de livros ou de xerocópias, tornaram possível a conclusão deste trabalho. A Alexandrino Severino, Augusto Massi, Frederico Pessoa de Barros, João Moura Jr., Jorge Amado, Massaud Moisés e, *the last but not the least* Wilson Martins, os meus melhores agradecimentos.

EROTISMO E POESIA: DOS GREGOS AOS SURREALISTAS

1 ERÓTICO OU PORNOGRÁFICO

No prefácio que escreveu para uma antologia de versos eróticos de autores de diversas épocas, o poeta Richard Eberhart[1] começa perguntando-se por que alguém se disporia a perder o seu tempo com essa modalidade "menor" de poesia quando o poderia usar mais vantajosamente para ler ou reler a "grande" poesia do passado e do presente. Logo adiante, responde ele próprio a tal pergunta crucial com duas outras perguntas. O sentido da primeira — será que a poesia serve para excitar? — é reforçado pelo sentido da segunda: em vez de ler poesia erótica não seria melhor ir diretamente à carne?

Usando o mesmo método socrático de responder uma pergunta com outra, poder-se-ia aventar, dentro dessa ordem de idéias, se não seria melhor ir diretamente para a guerra em vez de ler um poema épico, ou cometer diretamente um crime em vez de ler um romance policial. Pois o que parece estar em jogo aqui, segundo dá a entender a importuna locução "em vez de", é uma confusão entre o imaginário e o real. Pelo simples fato de ser uma *representação* da vida, a literatura não se confunde absolutamente com esta nem lhe pode fazer as vezes. Trata-se, antes, de um prolongamento, de um complemento dela, mesmo porque já se disse que a arte existe porque a vida não basta. Assim como ler não substitui o viver, tampouco a experiência sexual literariamente representada ou figurada pode proporcionar o mesmo tipo de satisfação que a experiência da carne; nem seria esse o seu intuito. Supor que um poema erótico digno do nome

[1] Prefácio a *Desire: erotic poetry through the ages*, org. por William Packard, Nova York, St. Martin's Press, cop. 1980.

de poema vise tão-só a excitar sexualmente os seus leitores equivale a confundi-lo com pornografia pura e simples. Embora Boris Vian[2] tenha insistido na impossibilidade de se distinguir, em última instância, o erótico do pornográfico, pode-se não obstante recorrer, para diferençar um do outro, à mesma noção de efeito por via da qual são erroneamente confundidos. Efeitos imediatos de excitação sexual é tudo quanto, no seu comercialismo rasteiro, pretende a literatura pornográfica. Já a literatura erótica, conquanto possa eventualmente suscitar efeitos desse tipo, não tem neles a sua principal razão de ser. O que ela busca, antes e acima de tudo, é dar representação a uma das formas da experiência humana: a erótica. Representar é re-apresentar, tornar novamente presentes — presentificar — vivências que, por sua importância, mereçam ser permanentemente lembradas: na mitologia grega, Mnemosina, a memória, era a mãe das nove Musas ou artes. Pois a arte faculta reviver, no plano do imaginário, o essencial do que se viveu ou se aspirou a viver no plano do real: outrossim, graças à persuasividade da forma artística (e não apenas documental) em que afeiçoa as suas vivências memoráveis, o poeta nos permite que as partilhemos com ele como se fossem nossas. Ora, mais do que em qualquer outro domínio da experiência humana, é no da experiência erótica que se torna urgente impedir que, em sua velocidade implacável, o tempo apague de pronto e de todo os traços do já vivido. E o que poderá haver de mais fugaz que o instante do prazer, relâmpago culminante para cuja eclosão se vão acumulando as energias da progressão erótica?

Um outro tipo de equívoco, esse mais difícil de debelar, é o que confunde poesia erótica com poesia amorosa. Se bem ambas tenham um tema obsessivo comum — o amor —, tratam-no de maneira tão diversa que terminaram por fundar duas tradi-

[2] Ver a conferência "Utilidade de uma literatura erótica" em Boris Vian, *Escritos pornográficos*, apres. e notas de N. Arnaud e trad. de H. Jahn, São Paulo, Brasiliense, 1985.

ções históricas onde as divergências contam mais que as ocasionais convergências. Exemplo particularmente ilustrativo dessa bifurcação de caminhos proporciona-o a idealização fantasmagórica da mulher nos sonetos de Petrarca e a sua desbragada carnalidade nos sonetos de Aretino. Ou seja, uma polaridade extremada entre, de um lado, a ordem do sentimento ou paixão, com todas as tortuosidades psicológicas daquele "feliz amor infeliz" em que José Régio[3] vê o motor da inspiração lírica de Camões, e, de outro, a ordem do prazer e do gozo, onde a premência do desejo masculino faz da mulher, no dizer de Cario Villa,[4] um "animal desprovido de complicações sentimentais", mera "máquina de fornicação". Patente ao longo de todo o itinerário da poesia erótica do Ocidente, essa reificação da mulher aponta para a hegemonia quase total de um discurso por assim dizer falocêntrico em que o eros feminino só aparece como ausência ou vazio delimitador. Se em mais não fosse, confirma-o estatisticamente a presença de um só poeta-mulher entre tantos poetas-homens reunidos nesta antologia.

2 AS DIMENSÕES DO EROTISMO

A menção há pouco do nome de Aretino, com trazer à lembrança a perseguição censória de que, por obscenos, foram alvo os seus *Sonetos luxuriosos* séculos a fio, dá ensejo a que se ressalte na tradição da poesia erótica, a par do viés falocêntrico, o seu caráter de infratora dos códigos de moralidade. Em vez de procurar em circunstâncias históricas a explicação destas duas características, talvez seja mais produtivo vinculá-las de pronto ao próprio conceito de erotismo. Um conceito dos mais complexos, conforme dá a entender a pormenorizada análise entre antropológica e metafísica que Georges Bataille dele fez em seu li-

[3] Introdução a *Luís de Camões: seleção de textos*, Lisboa, Liv. Rodrigues, 1944.

[4] *Poesia erótica italiana del novecento*, org. por Cario Villa, Roma, Newton Compton Ed., 1981, p. 11, n. 2.

vro hoje clássico. Numa esquematização mais ou menos grosseira, poder-se-ia dizer que, diversamente da sexualidade animal, ligada de imediato aos órgãos da reprodução e voltada de todo para a perpetuação da espécie, o erotismo é uma atividade diferencialmente humana — um fato de cultura, portanto —, que abdica de caso pensado de qualquer fim genésico para se preocupar apenas com o prazer em si. Paradoxalmente, porém, o prazer encontra seu maior estímulo não na liberdade de perseguir até onde quiser os seus objetivos, mas no constante interdito de fazê-lo, o "interdito criador do desejo" em que Bataille vê a própria "essência do erotismo".[5] O interdito ou tabu está ligado, em suas origens, à esfera do sagrado, à qual incumbia refrear a violência da promiscuidade sexual (violência confinante com a da morte, donde a ligação entre erotismo e morte repetidamente acentuada por Bataille) através de um conjunto de regras e proibições. O instituto do casamento é a mais conhecida dessas regras, enquanto no terreno das proibições avulta o interdito da nudez, sobre que se funda o sentimento de pudor ou vergonha: no relato do Gênesis, após comer do fruto proibido do bem e do mal por indução de Eva, Adão se envergonha pela primeira vez da sua nudez e se esconde dos olhos do Senhor. O pejo da nudez — momento inaugural da autoconsciência do sexo e por conseguinte do próprio erotismo, *cosa mentale* por excelência —, levou à ocultação, pela vestimenta, das partes genitais, assim introduzindo no domínio da sexualidade a dúplice noção de mistério (curiosidade pelo que se oculta) e de obscenidade (escândalo pela repentina revelação do ocultado). Mas o interdito sempre andou de mãos dadas com o seu oposto, a transgressão, a qual, numa incoerência apenas aparente, serve exatamente para lembrá-lo e reforçá-lo: só se pode transgredir o que se reconheça proibido. Esse jogo dialético entre a consciência do interdito e o empenho de transgredi-lo configura a mecânica do prazer erótico, cujos caminhos são tão variados, indo des-

[5] Georges Bataille, *L'érotisme*, Paris, Ed. Minuit, 1985, p. 119.

de as insinuações da seminudez até o desbragamento do nome sujo.

Restaria ainda acentuar, dentro do pensamento de Bataille, que o erotismo implica um princípio de violência e de violação mais ou menos declaradas. Na união sexual, em que dois almejam tornar-se supostamente um, a almejada unidade importa numa dissolução da individualidade, muito maior no caso da parte passiva e violada, a feminina, do que da parte masculina violadora. Esse desequilíbrio, que faz do ato amoroso um simulacro de ritual onde o macho aparecesse como sacrificador e a fêmea como vítima, ajuda a entender, já antes das ênfases particulares desta ou daquela circunstância histórico-social, o viés predominantemente falocêntrico da poesia erótica. Mas é bem de ver que se por aí se afirma a vontade de poder do macho, nem por isso se esconde inteiramente, a minar-lhe a assertividade, um sentimento de insegurança. Sentimento que tem uma de suas fontes na desvantagem do eros masculino em relação ao feminino, isso evidentemente nos termos de uma economia do prazer erótico: enquanto a mulher desfruta o dela de modo mais difuso, porém mais prolongado e mais apto a repetir-se *ad libitum*,[6] o do homem, por paroxístico, é mais breve, além de estar criticamente limitado pela capacidade de dispêndio seminal. A outra fonte do sentimento de insegurança está no poder de recusa da fêmea, que o obriga aos retardamentos, tanto mais incitadores quão exasperantes, da corte amorosa. Lo Duca encontra nisso a decifração de um enigma que ele assim resume: "em todas as civilizações, a dignidade viril é sacrificada e humilhada. O homem exige, mas a mulher tem o poder de conceder ou recusar. Desde o esboço de seu primeiro empenho de conquista da fêmea, o homem se desviriliza. Cremos que a chave do labirin-

[6] Acerca da experiência erótica feminina, uma fonte de referência particularmente importante são as entrevistas feitas por Marie-Françoise Hans e Gilles Lapouge (em *Las femmes, la pornographie et l'érotisme*, Paris, Seuil, 1978) com mulheres de diversas categorias sociais e profissionais acerca de sua vida sexual e suas reações à pornografia e à literatura erótica.

to sexual se encontra aí. Por essa chave, o gosto da violação (em todas as suas formas), o gosto do amor venal, a erotofilia se tornam perfeitamente claros. Pela violação, o homem sacia o seu desejo sem abdicar. Pelo dinheiro, o homem guarda outrossim a inteira liberdade de iniciativa. *Solveo, ergo sum.* Com praticar o erotismo pelo erotismo, por fim, o homem se reserva intelectualmente a escolha e o controle de suas volúpias".[7]

3 GREGOS: LIVRES MAS RESERVADOS

Todos esses pontos-chave da conceituação de erotismo, que mapeiam as pulsões do seu campo de forças, vão reaparecer, refratados pelo prisma da estética e dos costumes característicos de cada época, na poesia erótica então produzida. São eles que lhe constituem inclusive os motivos iterativos. No elenco de textos desta antologia, o leitor irá deparar exemplos vários da atualização literária dessas pulsões de base. A começar dos epigramas da *Antologia palatina*, nos quais se expressa a sexualidade liberada dos gregos. A Antigüidade helênica, a exemplo da oriental, não teve uma literatura a rigor pornográfica nem uma linguagem propriamente obscena, já que para ela, observa Franz Blei, o sexual não era nem um *secretum* nem um *pudendum*.[8] Não obstante, o valor erótico da nudez, que pressupõe o interdito do pudor vestimental, ressalta nos epigramas de Dioscórides e Automédon, os quais versam um dos topos mais tradicionais da literatura erótica, a descrição do corpo feminino, com ênfase no atrativo das pernas, seios e nádegas. A descrição se detém comumente naquele "monte" que a jovem do poema de Rufino finge encobrir com a mão, num gesto de embaraço cuja es-

[7] O verbo latino *solvo* significa tanto "violar" quanto "dissolver"; comparar essas acepções com as idéias de Bataille mais atrás mencionadas sobre o princípio de violação e de dissolução da personalidade implícito no ato sexual. A citação de Lo Duca é da sua *Histoire de l'érotisme*, Paris, Pauvert, 1963, p. 138.

[8] Franz Blei, prefácio a *Reise nach Cythera: Erotische Texte aus vielen Jahrhunderten*, Hamburgo, Gala Verlag, s. d., p. 14.

tratégia Bataille descodifica ao dizer que o homem "espera, *mesmo fingido* [grifo meu], o embaraço de uma mulher, pois sem isso ele não teria a consciência de uma violação".[9] Seja como for, aflora aqui uma descrição emblemática daquele culto da temperança no uso dos prazeres que, louvando-se em Aristóteles, Michel Foucault aponta como nuclear no pensamento grego acerca dos *aphrodisia* ou prazeres do sexo, os quais só eram tidos por imorais quando descambavam na "ordem do exagero, do a-mais e do excesso". À mesma descrição atribui ele outrossim a circunstância de, a despeito da sua "grande liberdade de costumes", os gregos revelarem, "na representação dos atos sexuais [...] em obras escritas — e mesmo na literatura erótica [...] uma grande reserva".[10] Essa reserva responde por outro topos da poesia erótica do Ocidente, qual seja o de, após referir as preliminares do jogo sexual, o poeta silenciar sobre o seu clímax; no poema de Marco Argentário, o topos está particularizado no motivo da lâmpada-testemunha que chegaria até os nossos dias na poesia de Kaváfis.[11] Tampouco são estranhos, à dita reserva, certos torneios eufêmicos — e em torneios desse tipo se originará boa parte das metáforas, símiles e metonímias da poesia erótica. É o caso do "longo percurso de Chipre" com que, no epigrama 5: 55, Dioscórides nomeia o ato sexual, recorrendo assim alusivamente à ilha onde Afrodite buscou refúgio e onde teve o seu principal lugar de culto.

[9] Bataille, op. cit., p. 148.

[10] *História da sexualidade*: *ii, o uso dos prazeres*, trad. M. T. da Costa Albuquerque e J. A. G. Albuquerque, Rio de Janeiro, Ed. Graal, 1984, p. 44 e 39.

[11] Ver, por exemplo, "Para que venham" em Konstantinos Kaváfis, *Poemas*, trad. de J. P. Paes, Rio de Janeiro, Nova Fronteira, 1982, 2ª ed.

4 EROS DECAÍDO

Nos epigramas de Catulo, de Marcial e da *Priapéia*, bem como nos poemas mais longos dos *Amores* de Ovídio, aqui representando a poesia erótica de Roma, a reserva grega desaparece de todo e a obscenidade passa a ser usada para fins de sátira. Sugere William Packard que os "excessos romanos" no terreno dos prazeres da carne chegaram à escala do "monstruoso" (como se pode ver bem no *Satyricon*) porque o "erotismo foi despido das suas origens transcendentais".[12] No tocante ao surgimento da sátira e do riso no domínio do erotismo, Bataille os tem como uma recusa de levar a sério a "verdade" deste, sobretudo o seu princípio necessário de interdição, motivo por que os vê como uma manifestação de hipocrisia. A definição de hipocrisia dada pelos dicionários, "afetação duma virtude, dum sentimento louvável que não se tem", aponta logo para a consciência dividida, dúplice de uma cultura de imitação como a romana, que adotou os deuses da Grécia sem assumir com eles a grave religiosidade dos gregos. Dessa "decadência dos vínculos religiosos e culturais surge a desvergonha sob a forma de um Deus ridicularizado a que o humano não é mais estranho" (Franz Blei).[13] O decaído Eros chistoso dos romanos, tão à flor do texto nos epigramas mais desabusados de Catulo e Marcial, faz-se autocrítico num dos fragmentos de Ovídio aqui traduzido: o poeta vitupera o seu *membra turpiter* por lhe falhar no momento decisivo, comprometendo-lhe a reputação de amante aos olhos de sua parceira, que tem de ir-se molhar com água para esconder das servas o vexame de estar ainda intacta. Este será um dos raros lances de palinódia na tradição de jactância sexual da poesia erótica, jactância sob a qual se embosca, subliminar mas inarredável, o medo da impotência.

[12] A citação de Packard é da sua introdução a *Desire*, ed. cit. na nota 1. A de Bataille é de *L'erotisme*, ed. cit., p. 294.

[13] Fonte citada na nota 8.

5 EROS NA CLANDESTINIDADE

A decadência do *ethos* pagão, claramente perceptível no mundo romano, levará em linha reta à clandestinidade de Eros no mundo medieval. Empenhou-se a Igreja vitoriosa em interiorizar a interdição sob a forma de pecado e em diabolizar a sexualidade expulsando-a da esfera do sagrado. Eros deixa de ser um poder divinizado, fora do homem, capaz de o impelir para além dos limites da razão, os quais coincidem com os da temperança; os desejos da carne passam a ser vistos como uma doença da alma que é preciso extirpar para salvá-la da danação. Daí que, em vez do domínio de si, o Cristianismo recomende aos fiéis a renúncia de si, a abdicação dos desejos em nome de uma pureza cujo modelo é a virgindade. Sob a égide do mito da Virgem procriadora mas de todo dessexualizada, a carnalidade feminina é desterrada para a ordem do demoníaco. Pela própria radicalidade da sua moral ascética, a Igreja cedo se viu obrigada, porém, a institucionalizar a hipocrisia sexual. Os Cruzados tinham um contingente de prostitutas a seu serviço e as cortesãs se instalavam na proximidade das igrejas, isso para não falar do que se passava entre os muros dos claustros, como as orgias de um convento de freiras da Lorena descritas num poema anônimo latino do século XII. Embora clandestino, Eros nada perdera do seu poder. No seio do povo, cujos cultos agrários semipagãos continuavam vivos sob a capa de devoção a oragos locais, a desbocada linguagem das trovas e adivinhas populares, algumas das quais estão aqui antologiadas, dão testemunho de que a sexualidade campônia em nada se deixara pear pelos rigores da ortodoxia. A par disso, o tédio do casamento feudal, onde a Igreja tentara baldadamente encarcerar Eros já amordaçado, irá inspirar o amor cortês celebrado pelos trovadores e jograis da Provença.[14] O primeiro deles, Guilherme IX da Aquitânia, falará das *leis de*

[14] Sobre as concepções eróticas do Medievo, ver os capítulos VIII e IX de *O declínio da Idade Média*, de Johan Huizinga, trad. de A. Abelaira, Lisboa-Rio de Janeiro, Ulisséia, s. d.

con, numa referência sem rebuços àquela parte de baixo da anatomia feminina que Mir Bernat, um dos interlocutores do *partimen* ou desafio aqui traduzido, declarava preferir. Aliás, a despeito da espiritualização da mulher que a poesia provençal inspiraria aos seus continuadores italianos do *dolce stil nuovo*, aquilo a que os trovadores aspiravam mesmo era à *joi major*, "a dádiva inteira do corpo e do amor da dama", na explicação de Roubaud.[15] Até dentro da própria Igreja conseguiu Eros fazer ouvir a sua voz clandestina através da poesia dos monges vagabundos ou goliardos da baixa Idade Média, um dos quais foi o anônimo autor da canção incluída nesta antologia. Peça de retórica amorosa, ela tematiza o esforço do poeta por convencer uma esquiva *filia* a provar as delícias das *virilia* encarecidas numa enfiada de rimas por si só persuasivas, a que se segue a acalmia *post-coitum* da estrofe final, onde os motivos do orvalho, do verde das folhas e do perfume das flores repõem o amor carnal no seio da Natureza-mulher, ou seja, o escamoteado, mas nunca exorcizado de todo, quarto membro da Trindade teológica, a ela devolvido por Jung sob a figura do *diabolus*.[16]

6 NO CENTRO DO PALCO

A redescoberta da arte antiga pela Renascença, com valorizar a estética do nu, pôs o corpo em estado de Natureza novamente no centro do palco, apagando-lhe o estigma de obsceno, adjetivo que o sexólogo Havelock Ellis fez remontar etimologicamente a *obs + cena*, o que deve ficar "fora de cena". E ninguém exprimiu mais radicalmente a carnalidade exuberante da Renascença do que Aretino. Em outro lugar,[17] procurei desentranhar

[15] Jacques Roubaud, *Les troubadours*, Paris, Seghers, 1980, p. 16.

[16] Ver a interpretação e aplicação desse conceito junguiano em Massimo Canevacci, *Antropologia do cinema*, trad. C. N. Coutinho, São Paulo, Brasiliense, 1984, pp. 51-74.

[17] A informação sobre Ellis é de H. Montgomery Hyde, *Historia de la por-*

da sua poesia o que chamei de "uma retórica do orgasmo", pelo que escusa repisar aqui o assunto. Mas impõe-se lembrar que, pelo seu falocentrismo exacerbado, os *Sonetos luxuriosos* são um marco histórico. Não o deixa de ser também o não menos exacerbado encarecimento, neles, da mulher puramente objeto sob a figura da cortesã ou prostituta, vale dizer, a profissional do sexo. A recorrência dessa figura na tradição da poesia erótica mostra a impermeabilidade do erotismo aos esforços de domá-lo por via sentimental ou matrimonial, bem como seu apego à lei dos seus próprios caprichos, de que o gosto da violação e do amor venal, sublinhados na citação de Lo Duca feita mais atrás, é a manifestação imediata. Outro aspecto importante da poética de Aretino é a sua utilização funcional do disfemismo, nome feio ou palavrão, como a própria voz do Corpo: para citar Bataille mais uma vez, esse tipo de linguajar se vincula a uma "vida secreta que vivemos conjuntamente com os sentimentos mais elevados" e serve para dar "aos amantes, no mundo da decência, um sentimento parecido ao que outrora dava a transgressão e depois a profanação".[18]

7 METÁFORAS & RECUSAS

Nos poetas confessadamente barrocos da Espanha, tanto quanto em França nos já de transição para o neoclassicismo do espírito ilustrado, a crueza de linguagem se vai abrandar em grande parte num metaforismo mais ou menos sistemático. É lícito discernir na metaforização dos instrumentos e gestos do jogo sexual — e a metáfora de jogo é uma das mais tradicionais, como se pode ver na oitava de autor anônimo francês do século XV e na letrilha de Gôngora aqui traduzidas —, um recurso de

nografia, trad. de S. Errecart, Buenos Aires, Ed. La Pleyade, 1969, p. 8. "Uma retórica do orgasmo" consta em Aretino, *Sonetos luxuriosos*, trad. de J. P. Paes, Rio de Janeiro, Record, 1981, pp. 21-38.

[18] Bataille, op. cit., p. 153.

eufemismo imposto pelos padrões de decência de cada circunstância histórica. Nem por isso deixa ela de ter também raízes, dentro da relativa liberdade de costumes dos séculos XVI, XVII e XVIII, num prazer da obliqüidade, dos desvios de expressão que foi particularmente caro ao Barroco e ao Rococó. Este último privilegiou uma poesia de tipo "galante" cujo principal condimento era a alusão ou insinuação maliciosa, de tom mundano, como pode ser visto nas peças de Von Logau e Wieland. Historicamente, traduz-se aí, ainda que em nível superficial, a intensa erotização dos dois séculos que precederam a Revolução Francesa, período em que o espírito dito "libertino" se aplica ao desenvolvimento de uma filosofia da volúpia, culminada em Sade, e a um culto da Razão crítica que esplende no Enciclopedismo. Do elenco de textos para aqui trazidos como amostragem desse período — de Gôngora a Wieland, passando por Ronsard, Malherbe, os poetas da Restauração inglesa etc. —, dois pelo menos merecem referência à parte por singularidades do seu conteúdo ou da sua dicção. Para fins de humor erótico, o autor anônimo espanhol do soneto "Que quer de mim, senhor" ressalta, metalingüisticamente, o contraste entre os rodeios da fala da Corte e a desenvoltura da fala das ruas. Já o epigrama de La Fontaine, poeta embora do Classicismo francês, antecipa a passionalidade romântica na sua recusa de separar o amor-volúpia do amor-paixão.

Talvez a institucionalização desse tipo de recusa, contrária ao impulso mais profundo da volúpia, possa explicar a pobreza do contributo ortodoxamente romântico à poesia erótica. Pelo menos nas antologias do gênero que pude consultar, ele empalidece em comparação com o dos outros períodos. Nos "Epigramas venezianos" de Goethe, conquanto tivesse este sido um dia o autor de *Werther*, não há erotismo passional e sim libertino: o primeiro dos epigramas aqui traduzidos contrapõe a figura da prostituta à da mulher de "bem" para descobrir antes naquela do que nesta, à luz de uma razão puramente erótica, a plenitude do feminino. Daí que os sonetos dialetais de Belli, com o seu "amplo repertório de metáforas do ato sexual", as quais exaltam, no entender de um dos seus mais recentes estudiosos, "a *não-humanidade* desse ato, acentuando o aspecto mecanicista do coito e privando-o de qualquer atributo psicológico",[19] esteja mais perto do folclore erótico, aqui representado em sua vertente calabresa, que da poesia romântica da Itália de sua época.

8 ENTRE A EXORTAÇÃO E A PERVERSIDADE

A modernidade no plano da expressão se anuncia desde logo pelo verso livre do Whitman de "Uma mulher espera por mim". Todavia, o tom de exortação desse poema compromete-lhe a intenção de apologia da sexualidade, assim como a preocupação do poeta com "os frutos dos generosos aguaceiros" seminais que entorna amesquinham, com uma preocupação finalista, o ímpeto cósmico do seu erotismo. Algo semelhante acontece em "A indecência pode ser saudável", de D. H. Lawrence, onde o registro normativo faz da contraposição da sabedoria dos instintos às perversões da inteligência uma forma de censura puritana aos refinamentos do erotismo. Em estado por assim dizer de pureza, tais refinamentos estão presentes o tempo todo nos versos de Baudelaire sob a égide de uma perversidade irmã da de Sade. O remorso do pecado e a abjeção da queda são o melhor excitante para as perversões da alma e do corpo que, cristão às avessas, o poeta se compraz em imaginar. À secção final de *As flores do mal* pertence "As promessas de um rosto", admirável erotização da treva que, numa correspondência tipicamente baudelairiana, se prolonga do tosão púbico até a "Noite sem astros, noite escura". Mais explícita que a de Baudelaire, a musa erótica de Verlaine herdou-lhe o pendor para o aberrante, que, em "Homenagem devida", se patenteia na rendição masoquista do elocutor à sua parceira e no prazer não menos masoquista de "faire soi-même cocu". Imagens inventivas como a "rosa sombria, lenta, gorda" do sexo e a "lua de dois quartos" das nádegas, que tanto enri-

[19] Guido Almansi, *L'estetica dell'osceno*, Turim, Einaudi, 1974, p. 9.

quecem a dicção do poema, aparecem também no soneto dos *Stupra* feitos de parceria com Rimbaud. Este último é responsável pelos tercetos nos quais, lance de audácia tipicamente rimbaudiana, se rompe o limiar onde até então se haviam detido as descrições do corpo da mulher: o olho do poeta, numa série de metáforas extremadas ("lacrimal", "ninho de soluços", "oliva esvaída", "flauta celeste"), adentra a anatomia mais íntima da "Feminil Canaã em seus rocios reclusa".

Ao postular o "grau de absurdez imediata" como pedra de toque da inventividade das imagens e metáforas que criavam, os surrealistas, com cujo contributo se fecha a presente antologia, levaram às últimas conseqüências a revolução de Baudelaire e de Rimbaud. Morto antes da eclosão oficial do Surrealismo, Apollinaire foi no entanto o criador dessa palavra afortunada, e com as imagens de impacto e os efeitos de simultaneidade de sensações dos seus poemas antecipou algumas das características da escrita surrealista. Não deixou de antecipá-la também na inspiração de base da sua produção erótica em prosa e verso, da qual as duas peças para aqui trazidas exemplificam o viés humorístico. Humor mais no plano da forma em "Hércules e Ônfale", curioso soneto bissilábico onde o herói mitológico se vinga sodomicamente do seu aviltamento em fiandeira de lã. Humor sobretudo conteudístico no fecho de surpresa de "A vaselina", cujo tom não dista muito do dos *limericks* eróticos que, na ordenação cronológica dos textos deste volume, seriam o equivalente moderno da obscenidade das adivinhas medievais e do folclore erótico da Calábria.

Mas voltando aos surrealistas: sem ter sido um surrealista *stricto sensu*, o chileno Pablo Neruda soube aproveitar as surpresas da escrita automática para dinamizar uma tendência que lhe vinha da tradição gongórica do seu próprio idioma; a eficácia desse encontro de afinidades pode ser vista na riqueza de sugestões com que as imagens eróticas, num "colar de palpitantes ostras sexuais", delimitam por antítese a solidão amorosa de "Cavalheiro só". Diferentemente de Neruda, Benjamin Péret foi um surrealista de primeira hora; o trecho aqui antologiado de seu poema "As ferrugens engaioladas" demonstra que a seriedade com que tratou o tema do amor na prosa ensaística de *Amor sublime* não lhe obnubilou o humor erótico, *noir* como seria de esperar de um companheiro de Breton. Pólo oposto, a dicção de Joyce Mansour nos põe em face de uma passionalidade surreal em que a evocação do sangue, do suor e da saliva como espécies de comunhão devolvem o erótico à esfera primeva do sagrado e da morte; no papel de vítima voluntariamente submissa, por prazer, ao furor do sacrificante, a elocutora de "Gritos" assume a postura em que o desejo masculino arquetipicamente procurou submeter a outridade da sua contraparte biológica. Com ser articulado pela única voz feminina num concerto de vozes tiranicamente masculinas, esse ato final de submissão confirmaria implicitamente a necessidade do falocêntrico no domínio da poesia erótica. Que as coisas não são bem assim é o que dão a pensar os frutos poéticos da liberação feminina. Eles parecem apontar para uma zona até onde o discurso feminista, voltado para reivindicações de ordem prática, ainda não chegou. Zona na qual a outridade começa a se afirmar como ipseidade, pelo que insinua, no seu laconismo prenhe de promessas, o último verso de um poema sem título de Giosi Lippolis, poeta italiana da atualidade. Traduzido, esse poema[20] vai servir de chave de ouro, como sinal de futuros caminhos, para esta introdução à poesia erótica:

> Amo três gestos teus quando, senhor,
> me incendeias do teu próprio fogo.
> Te serves do meu corpo, minha boca
> sorves na tua, me penetras...
> És poderoso, vivo, estás feliz.
> Mas depois disso cada minuto é meu.

J. P. P.

[20] O poema consta em *Poesia erótica italiana del novecento*, ed. cit.

POESIA ERÓTICA EM TRADUÇÃO

ΔΙΟΣΚΟΡΙΔΟΥ

Μήποτε γαστροβαρῆ πρὸς σὸν λέχος ἀντιπρόσωπον
  παιδογόνῳ κλίνῃς Κύπριδι τερπόμενος.
μεσσόθι γὰρ μέγα κῦμα καὶ οὐκ ὀλίγος πόνος ἔσται,
  τῆς μὲν ἐρεσσομένης, σοῦ δὲ σαλευομένου.
ἀλλὰ πάλιν στρέψας ῥοδοειδέϊ τέρπεο πυγῇ,
  τὴν ἄλοχον νομίσας ἀρσενόπαιδα Κύπριν.

Δωρίδα τὴν ῥοδόπυγον ὑπὲρ λεχέων διατείνας
  ἄψεσιν ἐν χλοεροῖς ἀθάνατος γέγονα.
ἡ γὰρ ὑπερφυέεσσι μέσον διαβᾶσά με ποσσίν,
  ἤνυσεν ἀκλινέως τὸν Κύπριδος δόλιχον,
ὄμμασι νωθρὰ βλέπουσα· τὰ δ᾽ ἠΰτε πνεύματι φύλλα,
  ἀμφισαλευομένης, ἔτρεμε πορφύρεα,
μέχρις ἀπεσπείσθη λευκὸν μένος ἀμφοτέροισιν,
  καὶ Δωρὶς παρέτοις ἐξεχύθη μέλεσι.

DIOSCÓRIDES

Se prenha, não te inclines sobre o leito para, frente a frente,
 a desfrutar em amor procriativo.
No seio da vaga imensa, não te será empresa fácil
 remar balouçando de um para outro lado.
Fá-la voltar-te as róseas nádegas e ensina tua esposa
 a ser desfrutada em amor masculino

Livro V, epigrama 54

Estendida sobre o leito, Dóris, a de róseas nádegas,
 me fez imortal na sua carne em flor.
Tendo-me preso entre as pernas magníficas, completou
 com firmeza o longo percurso de Chipre,
a olhar-me com olhos langorosos: eles tremiam
 e cintilavam como folhas ao vento,
até que, vertida a branca seiva de nós dois, os membros
 de Dóris por sua vez enlanguesceram.

Livro V, epigrama 55

ΑΥΤΟΜΕΔΟΝΤΟΣ

Τὴν ἀπὸ τῆς 'Ασίης ὀρχηστρίδα, τὴν κακοτέχνοις
σχήμασιν ἐξ ἁπαλῶν κινυμένην ὀνύχων,
αἰνέω, οὐχ ὅτι πάντα παθαίνεται, οὐδ' ὅτι βάλλει
τὰς ἁπαλὰς ἁπαλῶς ὧδε καὶ ὧδε χέρας·
ἀλλ' ὅτι καὶ τρίβακον περὶ πάσ σαλον ὀρχήσασθαι
οἶδε, καὶ οὐ φεύγει γηραλέας ῥυτίδας.
γλωττίζει, κνίζει, περιλαμβάει· ἢν δ' ἐπιρίψῃ
τὸ σκέλος, ἐξ ᾅδου τὴν κορύνην ἀνάγει.

ΦΙΛΟΔΗΜΟΥ

῟Ω ποδός, ὢ κνήμης, ὢ τῶν ἀπόλωλα δικαίως
μηρῶν, ὢ γλουτῶν, ὢ κτενός, ὢ λαγόνων,
ὢ ὤμοιν, ὢ μαστῶν, ὢ τοῦ ῥαδινοῖο τραχήλου,
ὢ χειρῶν, ὢ τῶν, μαίνομαι ὀμματίων,
ὢ κατατεχνοτάτου κινήματος, ὢ περιάλλων
γλωττισμῶν, ὢ τῶν θῦ' ἐμὲ φωναρίων.
εἰ δ' 'Οπικὴ καὶ Φλῶρα καὶ οὐκ ᾄδουσα τὰ Σαπφοῦς,
καὶ Περσεὺς 'Ινδῆς ἠράσατ' 'Ανδρομέδης.

AUTOMÉDON

Louvo a bailarina da Ásia que com seus gestos lascivos
suavemente ondula desde a ponta dos dedos.
Não a louvo porque exprima todas as paixões movendo,
assim com tanta graça, os braços graciosos,
mas porque sabe dançar à volta de uma vara exânime,
sem que a ponham em fuga as rugas da velhice.
Excita, abraça, beija: com sua língua e suas pernas,
faz qualquer vara erguer-se, nem que seja do Hades.

Livro V, epigrama 129

FILODEMO

Ah, seus pés e pernas, as coxas por que morro e com razão,
suas nádegas e espáduas, seu pentelho,
ah, os seus seios, os seus ombros, a esbeltez do seu pescoço,
ah, seus braços, seus olhos que me endoidecem,
ah, seu andar estudado, e os beijos de língua incomparáveis,
ah, seus gritos de bacante a me chamar.
Ela é bárbara, meretriz e não recita Safo? Acaso
não amou Perseu uma indiana, Andrômeda?

Livro V, epigrama 132

ΓΑΛΛΟΥ

Ἡ τρισὶ λειτουργοῦσα πρὸς ἓν τάχος ἀνδράσι Λύδη,
τῷ μὲν ὑπὲρ νηδύν, τῷ δ' ὑπό, τῷ δ' ὄπιθεν,
εἰσδέχομαι φιλόπαιδα, γυναικομανῆ, φιλυβριστήν.
εἰ σπεύδεις, ἐλθὼν σὺν δυσί, μὴ κατέχου.

ΜΑΡΚΟΥ ΑΡΓΕΝΤΑΡΙΟΥ

Στέρνα περὶ στέρνοις, μαστῷ δ' ἐπὶ μαστὸν ἐρείσας,
χείλεά τε γλυκεροῖς χείλεσι συμπιέσας
'Αντιγόνης, καὶ χρῶτα λαβὼν πρὸς χρῶτα, τὰ λοιπὰ
σιγῶ, μάρτυς ἐφ' οἷς λύχνος ἐπεγράφετο.

GALO

A três homens eu, Lide, servi com a maior presteza:
um sobre o ventre, outro debaixo e o outro atrás.
Recebo pederastas, mulherengos, extravagantes.
Se tendes pressa, que entrem os dois sem hesitar.

Livro V, epigrama 49

MARCO ARGENTÁRIO

Teta contra teta, apoiando meu peito sobre o dela,
uni meus lábios aos doces lábios de Antígona
e a carne possuiu a carne. Do resto nada digo:
dele somente a lâmpada foi testemunha.

Livro V, epigrama 128

ΡΟΥΦΙΝΟΥ

Πυγὰς αὐτὸς ἔκρινα τριῶν· εἵλοντο γὰρ αὐταί,
δείξασαι γυμνὴν ἀστεροπὴν μελέων.
καί ῥ' ἡ μὲν τροχαλοῖς σφραγιζομένη γελασίνοις
λευκῇ ἀπὸ γλουτῶν ἤνθεεν εὐαφίῃ·
τῆς δὲ διαιρομένης φοινίσσετο χιονέη σάρξ,
πορφυρέοιο ῥόδου μᾶλλον ἐρυθροτέρη·
ἡ δὲ γαληνιόωσα χαράσσετο κύματι κωφῷ,
αὐτομάτη τρυφερῷ χρωτὶ σαλευομένη.
εἰ ταύτας ὁ κριτὴς ὁ θεῶν ἐθεήσατο πυγάς,
οὐκέτ' ἂν οὐδ' ἐσιδεῖν ἤθελε τὰς προτέρας.

ΡΟΥΦΙΝΟΥ

Παρθένος ἀργυρόπεζος ἐλούετο, χρύσεα μαζῶν
χρωτὶ γαλακτοπαγεῖ μῆλα διαινομένη·
πυγαὶ δ' ἀλλήλαις περιηγέες εἱλίσσοντο,
ὕδατος ὑγροτέρῳ χρωτὶ σαλευόμεναι.
τὸν δ' ὑπεροιδαίνοντα κατέσκεπε πεπταμένη χεὶρ
οὐχ ὅλον Εὐρώταν, ἀλλ' ὅσον ἠδύνατο.

RUFINO

Três beldades me escolheram para julgar-lhes as nádegas,
  a mim mostradas no esplendor da nudez.
As de uma, florescendo em alvura veludosa, estavam
  marcadas ambas por covinhas graciosas;
a nívea carne das de outra, a de pernas abertas, tinha
  rubor mais forte que a púrpura da rosa;
as da terceira, calmaria sulcada de ondas mudas,
  palpitavam suaves ao seu próprio impulso.
Se o juiz das deusas, Páris, tivesse visto estas nádegas,
  não quereria saber de mais nenhuma.

Livro V, epigrama 35

RUFINO

A jovem de pés de prata lavava os pomos dourados
  dos seios banhando-lhes a carne leitosa;
a carnadura das nádegas redondas palpitava,
  mais ondulosa e mais fluida do que a água.
Com a mão espalmada ela tentava encobrir o monte,
  mas não todo, não tanto quanto poderia.

Livro V, epigrama 60

32

Amabo, mea dulcis Ipsithilla,
Meae deliciae, mei lepores,
Iube ad te ueniam meridiatum.
Et si iusseris, illud adiuuato,
Nequis liminis obseret tabellam,
Neu tibi lubeat foras abire,
Sed domi maneas paresque nobis
Nouem continuas fututiones.
Verum, siquid ages, statim iubeto;
Nam pransus iaceo et satur supinus
Pertundo tunicamque palliumque.

56

O rem ridiculam, Cato, et iocosam
Dignamque auribus et tuo cachinno.
Ride, quicquid amas, Cato, Catullum;
Res est ridicula et nimis iocosa.
Deprendi modo pupulum puellae
Trusantem; hunc ego, si placet Dionae,
Protelo rigida mea cecidi.

CARMEM 32

Eu te peço, minha doce Ipsitila,
Delícia e encanto deste meu viver:
Convida-me a passar contigo a sesta.
Caso me convidares, cuida bem
De que não ponham tranca em tua porta
E não te dê vontade de sair.
Fica em casa, tranqüila, preparando-te
Para nove trepadas sucessivas.
Se preferires, vou agora mesmo:
Almocei bem e ora farto, ressupino,
Furo, de impaciência, túnica e toga.

CARMEM 56

Mas que coisa mais ridícula e jocosa,
Digna, Catão, do teu riso e teus ouvidos.
Ri, pois, tanto quanto amas, Catão, Catulo,
Que a coisa é assaz ridícula e jocosa.
Há pouco vi um menino e uma menina
Engatados: e então nele, praza a Vênus,
De pronto engatei a minha vara rija.

LXXIII — IN LYRIM

Quid faciat vult scire Lyris. Quid? Sobria, fellat.

LIII — AD CHLOEN

Et vultu poteram tuo carere
Et collo manibusque cruribusque
Et mammis natibusque clunibusque
Et, ne singula persequi laborem,
Tota te poteram, Chlore, carere.

XXXVI — AD PAPILUM

Mentula tam magna est, tantus tibi, Papilus, nasus,
Ut possis, quoties arrigis, olfacere.

CONTRA LÍRIS

Líris quer saber o que fazer. O quê? Ela chupa, quando sóbria.

Livro II, epigrama 73

A CLOÉ

Eu bem que podia passar sem o teu rosto,
sem teu pescoço, tuas pernas, tuas mãos,
sem tuas nádegas, teus seios, tuas ancas,
e, para não me fatigar enumerando,
bem podia passar sem ti, Cloé, inteira.

Livro III, epigrama 53

A PAPILO

A tua pica é tão grande quanto o teu nariz, Papilo,
Tanto que a podes cheirar quando está rija.

Livro VI, epigrama 36

CXXXIV — FASCIA PECTORALIS

Fascia, crescentes dominae compesce papillas,
Ut sit quod capiat nostra tegatque manus.

A FAIXA PEITORAL

Comprime, de minha amante, os dois seios em botão
Para que caibam sempre no oco de minha mão.

Livro XIV, epigrama 134

Aestus erat, mediamque dies exegerat horam;
    Adposui medio membra levanda toro.
[...] Ecce Corinna venit, tunica velata recincta,
    Candida dividua colla tegente coma,
Qualiter in thalamos formonsa Semiramis isse
    Dicitur, et multis Lais amata viris.
Deripui tunicam, nec multum rara nocebat:
    Pugnabat tunica sed tamen illa tegi.
Quae cum ita pugnaret, tamquam quae vincere nollet,
    Victa est non aegre proditione sua.
Ut stetit ante oculos posito velamine nostros,
    In toto nusquam corpore menda fuit.
Quos umeros, quales vidi tetigique lacertos!
    Forma papillarum quam fuit apta premi!
Quam castigato planus sub pectore venter!
    Quantum et quale latus! quam juvenale femur!
Singula quid referam? nil non laudabile vidi,
    Et nudam pressi corpus ad usque meum.
Cetera quis nescit? lassi requievimus ambo.
    Proveniant medii sic mihi saepe dies!

FRAGMENTO

Era intenso o calor, passava do meio-dia;
    Estava eu em minha cama repousando.
[...] Eis que vem Corina numa túnica ligeira,
    Os cabelos lhe ocultando o alvo pescoço;
Assim entrava na alcova a formosa Semíramis,
    Dizem, e Laís que amaram tantos homens.
Tirei-lhe a túnica; de tão tênue mal contava:
    Ela lutou todavia por cobrir-se
Com a túnica, mas sem empenho de vencer:
    Venceu-a, sem mágoa, a sua traição.
Ficou em pé, sem roupa, ali diante dos meus olhos.
    Em seu corpo não havia um só defeito.
Que ombros e que braços me foi dado ver, tocar!
    Os belos seios, que doce comprimi-los!
Que ventre mais polido logo abaixo do peito!
    Que primor de ancas, que juvenil a coxa!
Por que pormenorizar? Nada vi não louvável,
    E lhe estreitei a nudez contra o meu corpo.
O resto, quem não sabe? Exaustos, repousamos.
    Que outros meios-dias me sejam tão prósperos!

Os amores, V: 1-2, 9-26

Illa quidem nostro subjecit eburnea collo
    Bracchia, Sithonia candidiora nive,
Osculaque inseruit cupidis luctantia linguis
    Lascivum femori supposuitque femur,
Et mihi blanditias dixit, dominumque vocavit,
    Et quae praeterea publica verba juvant:
Tacta tamen veluti gelida mea membra cicuta
    Segnia propositum destituere suum.
Truncus iners jacui, species et inutile pondus,
    Et non exactum, corpus an umbra forem.
Quae mihi ventura est, siquidem ventura, senectus,
    Cum desit numeris ipsa juventa suis?

[...]

At quae non tacita formavi gaudia mente!
    Quos ego non finxi disposuique modos!
Nostra tamen jacuere, velut praemortua, membra
    Turpiter, hesterna languidiora rosa;
Quae nunc ecce rigent intempestiva, valentque;
    Nunc opus exposcunt militiamque suam.
Quin istic pudibunda jaces, pars pessima nostri;
    Sic sum pollicitis captus et ante tuis.
Tu dominum fallis; per te deprensus inermis
    Tristia cum magno damna pudore tuli.
Hanc etiam non est mea dedignata puella
    Molliter admota sollicitare manu;

FRAGMENTO

Sob meu pescoço ela pôs os braços ebúrneos,
    Mais alvos do que a neve da Sitônia;
Colocou, entre beijos de línguas cobiçando-se,
    Suas coxas lascivas sob a minha,
E me chamou seu dono e me disse coisas ternas,
    Com as banais palavras de costume:
Qual se tocado por cicuta glacial, meu membro
    Frouxo abandonou o seu intento.
Tronco inerte ali fiquei, fantasma, peso inútil,
    Sem saber se era corpo ou se era sombra.
Na velhice, que futuro me espera, se a própria
    Juventude malogra em seus deveres?

[...]

Que mudas alegrias eu não forjei na mente!
    E que posturas não imaginei!
Porém, qual morto antecipado, o meu membro jazia
    Mais murcho, vergonha, que uma rosa de ontem;
E eis que ora se enrija inoportuno, cheio de ânimo,
    E exige trabalho e reclama combate.
Por que de pejo não te aquietas, pior parte minha?
    Já fui vítima antes das tuas promessas.
Teu amo enganas; pego inerme por tua causa,
    Sofri dano imenso e desonra maior.
Não desdenhou, todavia, a minha companheira
    Solicitá-lo com mão provocadora.

Sed postquam nullas consurgere posse per artes,
Inmemoremque sui procubuisse videt:
"Quid me ludis?" ait, "quis te, male sane, jubebat
Invitum nostro ponere membra toro?
Aut te trajectis Aeaea venefica lanis
Devovet, aut alio lassus amore venis."
Nec mora; desiluit tunica velata soluta;
Et decuit nudos proripuisse pedes;
Neve suae possent intactam scire ministrae,
Dedecus hoc sumpta dissimulavit aqua.

Mas vendo que de maneira alguma ele se erguia
    E incônscio de si continuava tombado,
"Por que zombas de mim?" disse. "Quem, insensato,
    Contra meu querer, te mandou ao meu leito?
Ou, trespassando imagem tua, a bruxa de Enéia
    Te encantou, ou vens cansado de outro amor."
E sem mais saltou do leito, envolta em sua túnica.
    Convinha que se afastasse de pés nus;
Para que suas servas não a vissem intacta,
    A desonra escondeu molhando-se com água.

Os amores, VII: 7-18 e 63-84

VI

Comminatio Priapi ad puellam

Quod sum ligneus, ut vides, Priapus
et falx lignea ligneusque penis,
prendam te tamen et tenebo prensam
totamque hanc sine fraude, quantacunque est,
tormento citharaque tensiorem
ad costam tibi septimam recondam.

XVIII

Commoditas penis Priapi

Commoditas haec est in nostro maxima pene,
laxa quod esse mihi femina nulla potest.

VI

Ameaça de Priapo a uma jovem

Conquanto Priapo de madeira eu seja,
madeira a foice, como vês, e o pênis,
vou te agarrar e segurar bem firme
e todo em ti, por longo que ele seja,
mais tenso do que a corda de uma cítara,
até tuas costelas vou cravá-lo.

XVIII

A vantagem do pênis de Priapo

Leva a maior das vantagens o meu pênis:
para mim mulher alguma é larga.

XXVI
Priapus rogat Romanos ne pereat prae nimia libidine

Porro — nam quis erit modus? — Quirites,
aut praecidite seminale membrum,
quod totis mihi noctibus fatigant
vicinae sine fine prudentes
vernis passeribus salaciores,
aut rumpar nec habebitis Priapum.
ipsi cernitis, exfututus ut sim
confectusque macerque pallidusque,
qui quondam ruber et valens solebam
fures caedere quamlibet valentes.
defecit latus et periculosam
cum tussi miser expuo salivam.

LXVI
Priapus ad quandam pudicam

Tu quae ne videas notam virilem
hinc averteris, ut decet pudicam:
nimirum, nisi quod times videre
intra viscera habere concupiscis.

XXVI

Priapo pede aos romanos que não o deixem perecer por causa da [luxúria excessiva

Romanos, socorro — tudo tem limite.
Cortai-me o membro viril, caso contrário
não mais tereis Priapo, pois a cada noite,
mais lúbricas do que pardais na primavera,
as mulheres da vizinhança me fatigam.
Vede vós próprios o quanto estou exausto,
debilitado, consumido, pálido,
eu que em outros tempos, rubicundo e forte,
desbaratava os ladrões mais atrevidos.
O corpo se me extingue, enfermo tusso
e cuspo agora saliva perigosa.

LXVI

Priapo a certa pudica

Para não veres meu emblema viril,
apartas a vista, como o pudor exige:
sem dúvida porque o que temes olhar,
anseias por recebê-lo em tuas entranhas.

1 (32)

Q. Il est court, rond et groz,
Je le met entre mes os,
Et quand il se destempre,
La doulceur me va ou ventre.
R. C'est une cerise, quand l'en la rompt entre ses dens, et le jus [en yst.

4 (476)

Q. Quel difference trouvez vous d'un pourcel a ung vit?
R. Ung pourceau au froter et grater se couche, et ung vit se [lieve.

5 (560)

Q. Qu'esse qui au monde est le plus fort a escorcher?
R. C'est ung vit, car depuis le commencement du monde, femme [ne luy a peu escorcher que la teste tant seullement.

1 (32)

P. É curto, grosso e redondo.
Num buraco meu o escondo.
Quando o suco dele esguicha
Dentro de mim, que delícia!
R. É o fruto da cerejeira, quando se rompe dentro da boca e deixa sair o suco.

4 (476)

P. Qual a diferença entre um porco e um pau?
R. Quando se esfrega e se coça um porco, ele se deita; o pau se levanta.

5 (560)

P. O que há no mundo mais difícil de descascar?
R. O pau, porque desde o começo do mundo a mulher só conseguiu lhe descascar a cabeça.

11 (212)

Q. Alons dormir, si ferons bien,
Si ferons ce que savez bien:
Mettrons poillet contre veluet,
Et marmotin en son cruset.
R. Ce sont les paupieres que on clost quant on va dormir.

13 (401)

Q. Quant est ce que le vit rend au con plus de grief et d'angoisse?
R. Ce est lors qu'il recule.

11 (212)

P. Vamos dormir que já é hora,
Fazer o que ninguém ignora:
Pôr peludo contra veludo,
Marmota bem dentro da grota.
R. São as pálpebras que se fecham quando se vai dormir.

13 (401)

P. Quando é que o pau dá mais aflição e angústia à cona?
R. Quando recua.

MIR BERNAT MAS VOS AY TROBAT

Mir Bernat mas vos ay trobat
A Carcassona la sieutat
d'una re-m tenc per issarat
e vuelh vostre sen m'en aon
en una don' ay la mitat
e no-m suy ges ben acordat
si-m val mays d'aval o d'amon.

Sifre be-us tenc per arribat
car cosselh m'aves demandat
e ieu donar lo-us ay onrat
car fort en cossir de-prion
so sapchatz ben en veritat
que si-m creziätz d'est mercat,
per ver penriatz deves lo con.

Mir Bernat ben es enportus
car no-m respondes ab motz clus
la domna prezatz mau dejus
et ay vos auzit dire don
ja no-m vuelha lo rey Jesus
s'ieu enans non la prenc desus
de lay on sos cabelhs se ton.

Sifre lo mielhs laissatz e-l pus
e so que mays ama cascus
segon la natura e l'us

MIR BERNAT, JÁ QUE VOS ACHEI

Mir Bernat, já que vos achei
na cidade de Carcassona,
que vosso bom senso me aponte
o certo na dúvida que hei:
tenho a metade de uma dona
e todavia ainda não sei
se mais me vale vale ou monte.

Sifre, bem-vindo vós que haveis
o meu conselho demandado;
vossa demanda me honra e abona.
No caso a fundo meditei
e, se me credes do mercado,
a coisa certa então fareis:
pegai a metade da cona.

Mir Bernat, reles vos mostrais
não respondendo em verso obscuro.
Nomeais o que se não menciona,
a parte baixa que prezais.
Ao rei Jesus seja eu perjuro
se não pego a parte onde mais
tosa seus cabelos a dona.

Sifre, o melhor menosprezais,
o que dá gosto a todo amante
e que por isso corresponde

que fan l'autre bon drut del mon
val may so d'aval no fa-l mus
e ja trobares no-m n'escus
c'om genser de mi no-y respon.

Mir Bernat per pauc no-m n'irays
car mi respondes mots savays
e sela part prezatz trop mays
que los drutz e-ls maritz cofon
que mal en val us gens assays
c'om embratz e manei e bays
boca e uelh e car'e fron.

Sifre no-us cuges qu'ie-m biais
ni-l mielhs per lo sordeior lais
que tot dia abras e bays
fraire cozi e segon
mas d'aysso dic que soy verays
que tuta drudaria nay
d'aquel cap d'on pus se rescon.

Mir Bernat est joc ay partit
e tenc vos tot per escarnit
car yeu ab cosselh del marit
m'en vostre bel semblan volon
del cap de sus que ay chauzit
e ay vos cel estrem gequit
que no-m pogra far jauzion.

Sifre vos avetz falhit
a for de cavayer marrit
greu comensaretz gran ardit

à natureza e uso gerais.
Mais vale o vale que o semblante.
Sem evasiva, concordai:
ninguém mais bem que eu vos responde.

Mir Bernat, quase enraivecido
me deixam vossos versos rudes.
A parte que pondes defronte
confunde amantes e marido.
Mais me vale, com mansuetude,
tocar e beijar o admitido:
olhos, boca, faces e fronte.

Sifre, crede, não me extravio
nem troco o melhor por pior.
Irmãos, primos, também beijo onde
a beijais com tão pouco ousio.
Porém, deveras e de cor,
digo que o amor sempre surgiu
desse lugar que mais se esconde.

Mir Bernat, vós desta partida
saís vencido e eu vencedor.
Para alcançar a permissão
do marido e boa acolhida,
peguei a parte superior.
Fique convosco a mais caída,
que me não dá satisfação.

Sifre, falhaste no dever
de um cavaleiro valoroso.
Ficaste aquém da grande ação

can per paor si gilos gron
avetz sel layssat e gurpit
per que bon drut son esbaït
e cascus n'a-i cor jauzion.

ao não buscardes, temeroso
de um ciumento, a coisa querida
que aos amantes põe a perder
e a todos dá satisfação.

1. Non contrecto,
quam affecto;
ex directo
ad te specto
et annecto
nec deflecto
cilia.
Experire, filia,
virilia:
semper sunt senilia
labilia,
sola iuvenilia
stabilia,
hec sunt utensilia
agilia,
facilia,
gracilia,
fragilia,
humilia,
mobilia,
docilia,
habilia,
Cecilia,
et si qua sunt similia.

CANÇÃO [CB 86]

1. Não tateio
o por que anseio;
olho-te em cheio
sem receio
nem rodeio
e o que saboreio
me fascina.
Experimenta, menina,
o membro viril:
quando já senil,
é fraco, vil;
se ainda juvenil,
é papa-fina,
um utensílio
nímio,
exímio,
ágil,
grácil,
cálido,
válido,
gentil,
febril,
varonil
e coisas mil.

2. Post fervorem
celi rorem
post virorem
álbum florem
post candorem
dant odorem
lilia.
Experire, filia...

2. Após calor
celeste frescor
após verdor
alvejante flor
após candor
tem doce odor
a bonina.
Experimenta, menina...

LE JEU

Si vous la baisez, comptez quinze;
Si vous touchez le tétin, trente;
Si vous avez la motte prinse,
Quarante-cinq lors se présente.
Mais si vous mettez en la fente
Ce de quoi la dame a métier
Notez bien ce que je vous chante,
Vous gagnez le jeu tout entier.

JOGO

Se a beijar, conte quinze vasas;
Trinta, se lhe tocar a teta;
Se chegar ao monte em brasa,
Quarenta e cinco de gorjeta.
Mas se lhe puser na greta
O que às mulheres mais convém,
Vossa mercê (não conto peta)
Ganhou o jogo. Parabéns!

SONNETO VI

Miri ciascun di voi ch'amando suole
Esser turbato da sì dolce impresa,
Costui ch'a simil termine non pesa
Portarla via fottendo ovunque vuole.

E senza andar cercando per le scuole
Di chiavar *verbi gratia* alla distesa,
Far ben quel fatto impari alla sua spesa
Qui che fotter potrà senza parole.

Vedi com'ei l'ha sopra delle braccia
Sospesa con le gambe alte a' suoi fianchi
E par che per dolcezza si disfaccia.

Nè già si turban perchè sieno stanchi,
Anzi par che tal gioco ad ambo piaccia,
Sì che bramin fottendo venir manchi.

E per diritti e franchi
Ansano stretti a tal piacere intenti
E fin che durerà saran contenti.

SEXTO SONETO LUXURIOSO

Atenta bem, ó tu que amando estás
E a quem turva tão doce empreendimento,
Neste que leva a cabo tal intento
Ledamente fodendo onde lhe apraz.

Sem de qualquer escola andar atrás
Por trepar *verbi gratia* a todo tento,
Fará feito sem par e a seu contento
O que possa foder sem ser loquaz.

Vede como nos braços a levanta
Ele, que as pernas dela tem dos lados
E como de prazer já se quebranta.

Não se perturbam por estar cansados.
Mas o jogo lhes dá ardência tanta
Que fodendo queriam-se finados.

E retos, sem cuidados,
Ofegam juntos, de prazer frementes,
E enquanto ele durar, estão contentes.

SONNETO XI

Perché io provi un sì solenne cazzo,
Che mi rovescia gli orli della potta,
Io vorrei trasformarmi tutta in potta,
Ma vorrei che tu fossi tutto cazzo.

Che se tutta foss'io potta e tu cazzo,
Io sfamerei a un tratto la mia potta
E tu trarresti anco dalla potta
Tutto il piacer che ne può trarre un cazzo.

Ma non potendo io esser tutta potta,
Nè tu del tutto divenir un cazzo,
Ricevi il buon voler della mia potta.

E voi pigliate del mio poco cazzo
L'animo pronto e 'n giù la vostra potta
Calate, mentre in su spingo il mio cazzo,

E dopo sopra il cazzo
Lasciatevi andar tutta con la potta,
Ch'io sarò cazzo e voi sarete potta.

DÉCIMO PRIMEIRO SONETO LUXURIOSO

Para provar tão célebre caralho,
Que me derruba as orlas já da cona,
Quisera transformar-me toda em cona,
Mas queria que fosses só caralho.

Se eu fosse toda cona e tu caralho,
Saciaria de vez a minha cona,
E tirarias tu também da cona
Todo o prazer que ali busque o caralho.

Mas não podendo eu ser somente cona,
Nem inteiro fazeres-te caralho,
Recebe o bem querer da minha cona.

E vós tomai, do não assaz caralho,
O ânimo pronto; baixai a vossa cona,
Enquanto enfio fundo o meu caralho.

Depois, sobre o caralho
Abandonai-vos toda com a cona,
Que caralho eu serei, vós sereis cona.

DUBBIO XXIV

Per dare Ortensia gusto ad un suo amante
E del suo corpo il più soave loco,
Il cul gli diè, ma con promessa avante
Che v'abbia a por del suo gran cazzo un poco.
Quello non potè star così costante
Alle primarie furie di quel giuoco,
Tutto nel cul vel pose. *Utrum* Ortensia
Accusare lo possa di violenza?

RISOLUZIONE XXIV

In lege prima de justitia et jure.
Jus naturae, paragrafho, vuol Baldo
Che *primi motus homini naturae*
Non sono in suo poter quand'egli è caldo:
Il primo furor fa ch'egli non cure
D'eser tenuto peccator ribaldo;
Onde spinto costui dai primi moti
Accusar non si può degl'altri ignoti.

VIGÉSIMA QUARTA DÚVIDA

Hortênsia quis dar gosto ao seu amante
E o lugar mais mimoso do seu corpo
Franqueou-lhe, mas o fez prometer antes
Que do seu grande nabo só um pouco
Ali poria. E eis que ele, não obstante
A promessa, no furor do gozo,
Põe-lhe tudo no rabo. *Utrum* Hortênsia
Poderá acusá-lo de violência?

VIGÉSIMA QUARTA RESOLUÇÃO

In lege prima de justitia et jure,
Jus naturae, paragrafho previu
Do *primi motus homini naturae,*
Baldo que ao homem fogem quando em cio:
Faz o furor primeiro que descure
Do demais, pecador em desvario.
Se o movem, pois, impulsos primordiais
Não se pode acusá-lo de outros mais.

D'UN MOINE ET D'UNE VIEILLE

Un moine un jour jouant sur la rivière,
Trouva la vieille en lavant ses drapeaux,
Qui lui monstra de sa cuisse heronière
Un feu ardent où joignaient les deux peaux.
Le moine eut cueur, lève ses oripeaux,
Il prend son chose, et puis s'approchant d'elle:
Vieille, dit-il, allumez ma chandelle.
La vieille alors lui voulant donner bon,
Tourne son cul, et respond par cautelle:
Approchez-vous et souflez au charbon.

AU BEAU TÉTIN

Tétin refait, plus blanc qu'un oeuf,
Tétin de satin blanc tout neuf,
Tétin qui fais honte à la rose,
Tétin plus beau que nulle chose,
Tétin dur, non pas tétin, voire,
Mais petite boule d'ivoire,
Au milieu duquel est assise
Une fraise ou une cerise,
Mais je gage qu'il est ainsi.
Que nul ne voit, ne touche aussi,
Tétin donc au petit bout rouge,

O MONGE E A VELHA

Passeando um monge pela beira-rio,
Viu uma velha que lavava a roupa;
Viu-lhe a perna de garça e o fogo viu
Onde uma coxa vem juntar-se à outra.
O monge inflamado ergue a própria roupa,
Pega o instrumento e se achegando a ela:
Velha, diz ele, acende a minha vela.
E, para dar-lhe gosto, a velha então
Vira-lhe o cu e pede por cautela:
Chega mais perto e assopra o meu carvão.

À BELA TETA

Teta mais branca do que um ovo,
Teta de cetim branco e novo,
Teta que faz inveja à rosa
E mais do que tudo é formosa,
Teta dura, nem teta, sim
Pequena bola de marfim,
Bem no meio da qual aflora,
Rubra, uma cereja ou amora,
Que, aposto com vossa mercê,
Ninguém apalpa, ninguém vê.
Teta de bico cor de sangue,

Tétin qui jamais ne se bouge,
Soit pour venir, soit pour aller,
Soit pour courir, soit pour baller,
Tétin gauche, tétin mignon,
Toujours loin de son compagnon,
Tétin qui portes témoignage
Du demeurant du personnage,
Quand on te voit, il vient à maints
Une envie de dedans les mains,
De te tâter de te tenir;
Mais il se faut bien contenir
D'en approcher, bon gré ma vie!
Car il viendrait une autre envie.
O tétin ni grand, ni petit,
Tétin mûr, tétin d'appétit,
Tétin qui nuit et jour criez:
"Mariez-moi tôt, mariez!"
Tétin qui t'enfles, et repousses
Ton gorgias de deux bons pouces.
A bon droit heureux on dira
Celui qui de lait t'emplira,
Faisant d'un tétin de pucelle,
Tétin de femme entière et belle.

Teta que nada tem de langue
E, indo ou voltando, não balança,
Quer em corrida, quer em dança.
Teta esquerda, pequenininha,
Sempre distante da vizinha,
Teta que dás fiel imagem
Do restante da personagem,
Quem te vê, que tentação
De te conter dentro da mão
E comprimir-te e apalpar-te;
Mas é melhor deixar-se de artes
E não o fazer, pois prevejo
Que lhe viria outro desejo!
Teu bom tamanho não engana,
Teta madura que dás ganas,
Teta que um só anelo expressa:
"Casai comigo bem depressa!"
Teta que incha e quer ir além
Do corpete que ora a detém.
Oh! felizardo quem te encher
De leite para te fazer,
De ti que és teta de donzela,
Teta de mulher plena e bela.

LETRILLA

GÓNGORA

Como estaban solas
pidióme Teresa
que sacase apriesa
mi cayado y bolas.
Quitéme el gabán,
saquéle de grado,
¡Si me vieran, Juan,
jugar del cayado!
Ahorróse Inés
de su ropa, y luego
se comenzó el juego
de uno y dos y tres.
Dí con ademán
de muy enamorado.
¡Si me vieran, Juan,
jugar del cayado!

LETRILHA

GÔNGORA

Por terem argolas,
me pediu Teresa
sacar com presteza
meu cajado e bolas.
Tirei de bom grado
cajado e gabão.
Se me vissem, João,
jogar com cajado!
Libertou-se Inês
da roupa e do afogo,
começou o jogo
de um e dois e três.
Dois pontos então
fiz, de enamorado.
Se me vissem, João,
jogar com cajado!

LETRILLA

GÓNGORA

Soy toquera y vendo tocas
y tengó mi cofre donde las otras.
Es chico y bien encorado
y le abre cualquier llave,
con tal que primero pague,
el que abriere el tocado:
que yo no vendo fiado
como otras toqueras locas
....

Lo que más todos le alaban
es que no consiente clavo,
que los hinca hasta el cabo,
y al momento se desclavan...

LETRILHA

GÔNGORA

Sou touqueira e vendo toucas,
meu cofre é como o das outras
pequeno, bem encourado,
e se abre com qualquer chave
conquanto primeiro pague
quem for abrir o toucado
pois eu não vendo fiado
como outras touqueiras loucas.
....

O que mais todas lhe gabam
é jamais deixar que cravo
se finque de cabo a rabo
para logo descravar-se...

OCTAVA

Entre delgada y gruesa es la figura
que ha de tener la dama si es hermosa;
y el medio de negrura y de blancura
es la color de todas más graciosa;
en medio de dureza y de blandura
la carne de la hembra es más sabrosa.
En fin ha de tener en todo el medio,
pues lo mejor de todo es lo del medio.

OITAVA

Entre delgada e gorda é a figura
que a dama deve ter quando formosa;
e a meio da negrura e da brancura
se põe a cor de todas mais graciosa;
a meio da dureza e da brandura
faz-se a carne da fêmea mais gostosa.
Enfim há de ter tudo pelo meio,
pois o melhor de tudo está no meio.

Jardim de Vênus, 2

SONETO

A la orilla del agua estando un día,
ajena de cuidado, una hermosa
de mirarse su infierno deseosa,
por verse sola allí sin compañía,

la saya alzó que ver se lo empedía,
y, pagada de ver tan rica cosa,
le dice con voz mansa y amorosa
que de dentro del alma le salía:

"Por vos soy yo de tantos requebrada,
por vos me dan aljorcas, gargantilla,
chapines, saya y manto para el frío.

Un beso quiero daros." Y abajada
a darle, por estar tan a la orilla,
trompicó de cabeza y dio en el río.

SONETO

À beira d'água estando certo dia,
descuidada, uma dama primorosa,
de mirar seu inferno desejosa
e vendo-se ali só, sem companhia,

a saia ergueu, que vê-lo lhe impedia
e, feliz de ver coisa tão preciosa,
disse, com doce voz de quem se goza,
e que de dentro d'alma lhe saía:

"Por vós eu sou de tantos requestada,
por vós me dão colares e pulseira,
sapatos, saia e manto para o frio.

"Um beijo quero dar-vos" e abaixada
para o dar escorregou na beira
e de cabeça despencou no rio.

Idem, 32

SONETO

A consentir al fin en su porfía
vino una dama con su enamorado,
porque por su nariz había juzgado
que tanto a buena cuenta metería.

Mas al revés salió sua profecía
porque él tenía poco, ella sobrado,
de suerte que él quedaba tan holgado
que ni sabía si entraba o si salía.

La dama dijo muy turbada y triste:
"¡Qué mentirosa la nariz me ha sido!"
El luego replicó, como hombre diestro:

"Ese defecto, dama, no os contriste
porque, si mi nariz os ha mentido,
a fe que ha dicho la verdad lo vuestro".

SONETO

Consentiu certa dama na porfia
insistente do seu enamorado.
Julgou, por seu nariz, estar provado
que ele outro tanto alhures possuía.

Mas enganou-se nessa profecia:
bem pouco o dele, e o dela demasiado,
de sorte que ele, em sítio tão folgado,
não sabia se entrava ou se saía.

Disse-lhe a dama perturbada e triste:
"Vosso nariz pregou-me uma partida."
Ao que ele respondeu com brejeirice:

"Que um defeito que tal não vos contriste;
se pelo nariz meu fostes traída,
o vosso, dama, só verdade disse."

Idem, 43

VILLANCICO

Porque me besó Perico,
porque me besó el traidor.

Que estando, madre, dormiendo,
de lo cual soy arrepisa,
le sentí estar desvolviendo
las haldas de mi camisa;
y aunque me fino de risa,
pensallo me da temor,
porque me besó Perico,
porque me besó el traidor.

Y estando así como os digo,
desque dormida me vio,
me tentó bajo el ombligo
todo cuanto Dios me dio;
pues ¿cómo queréis que yo
le pueda tener amor?
Porque me besó Perico,
porque me besó el traidor.

Porque con mil osadías
revolvió poco a poquito,
sus piernas entre las mías
hasta que me dio en el hito:

VILANCICO

Porque me beijou Perico,
porque me beijou o traidor.

Enquanto, mãe, eu dormia,
do que muito me arrependo,
senti a mão dele que ia
a camisola me erguendo;
se bem que agora me ria,
lembrá-lo me dá temor,
porque me beijou Perico,
porque me beijou o traidor.

Tão logo, como vos digo,
adormecida me viu,
pôs-se a apalpar, sob o umbigo,
o com que Deus me supriu;
quereis que, por meu castigo,
ainda lhe tenha amor?
Porque me beijou Perico,
porque me beijou o traidor.

E pouco depois lá vinha
a sua perna atrevida
introduzir-se entre as minhas
para me abrir a guarida;

es mi dolor infinito,
que no puede ser mayor,
porque me besó Perico,
porque me besó el traidor.

juro que nunca na vida
padeci tamanha dor,
porque me beijou Perico,
porque me beijou o traidor.

Fin

Que, como se meneaba,
más se mostraban sabrosos
dos mil gozos que me daba
como azúcares sabrosos.
Diome unos besos zumosos,
que jamás pierdo el sabor.
Porque me besó Perico,
porque me besó el traidor.

Fim

E quanto mais se agitava,
mais ficavam deleitosos,
dois mil gozos que me dava
como açúcares cremosos.
Deu-me beijos tão gostosos
que deles guardo o sabor,
porque me beijou Perico,
porque me beijou o traidor.

Letras e vilancicos, 64

LETRILLA

El diablo sois, que no zorra,
la Catalinorra;
el diablo sois, que no zorra.

Orilla el río,
al salir del sol,
vide un caracol
temblando de frío;
tomó luego brío
y entró en la mazmorra
de la Catalinorra.

Las mozuelas tiernas
se huelgan con él,
porque es como miel
cuajada en almendras;
y en medio las piernas
le hacen que corra
a la Catalinorra.

Y cuando ha corrido,
queda desmayado,
el color quebrado,
fuera de sentido;
mas si torna al nido,
se le alza la porra
con la Catalinorra.

LETRILHA

O diabo sois, que não zorra,
a Catalinorra;
o diabo sois, que não zorra.

Beira do rio,
ao nascer do sol,
vi um caracol
tremendo de frio;
logo tomou brio
e entrou na masmorra,
a da Catalinorra.

As mocinhas ternas
não lhe dão quartel
porque é como mel
coalhado em amêndoas;
e por entre as pernas
deixam que ele corra
para a Catalinorra.

Após ter corrido,
fica desmaiado,
caído de lado
sem cor nem sentido;
mas sobe garrido,
cabeça de porra,
com a Catalinorra.

Tiene dos soldados
que sirven de fuerte;
líbranle de muerte
si están enojados;
son muy bien criados
de palabra y gorra
con la Catalinorra.

Sempre dois soldados
servem-lhe de forte;
livram-no da morte
se estão agastados;
muito bem cuidados,
têm vida forra
com a Catalinorra.

Idem, 89

SONETO

— ¿Qué me quiere, señor? — Niña, hoderte.
— Digalo más rodado. — Cabalgarte.
— Dígalo a lo cortés. — Quiero gozarte.
— Dígamelo a lo bobo. — Merecerte.

— ¡Mal haya quien lo pide de esa suerte,
y tú hayas bien, que sabes declararte!
Y luego ¿qué harás? — Arremangarte,
y con la pija arrecha acometerte.

— Tú sí que gozarás mi paraíso.
— ¿Qué paraíso? Yo tu coño quiero,
para meterle dentro mi carajo.

— ¡Qué rodado lo dices y qué liso!
— Calla, mi vida, calla, que me muero
por culear tiniéndote debajo.

SUELTA

Veinte y dos años tengo, madre, casarme,
que me duelen los dedos de tanto hugarme.

SONETO

— Que quer de mim, senhor? — Filha, foder-te.
— Diga com mais rodeios. — Cavalgar-te.
— Diga ao modo cortês. — Então, gozar-te.
— Diga ao modo pateta. — Merecer-te.

— Bem hajas que consigo compreender-te
e mal haja quem peça de tal arte.
Depois, o que farás? — Arregaçar-te
e com a pica alçada acometer-te.

— Tu sim hás de gozar meu paraíso.
— Que paraíso? Eu quero é minha porra
metida bem no fundo do teu racho.

— Com que rodeio o dizes, tão precioso!
— Caluda, amor, que de prazer já morra,
fodendo-te, eu por cima, tu por baixo.

Ramilhete de vária poesia, 103

SOLTA

Vinte e dois anos tenho, mãe, para casar-me,
pois me doem os dedos de tanto purgar-me.

Idem, V

SONNET

Je te salue, ô merveillette fente,
Qui vivement entre ces flancs reluis;
Je te salue, ô bienheureux pertuis,
Qui rend ma vie heureusement contente!

C'est toi qui fais que plus ne me tourmente
L'archer volant qui causait mes ennuis;
T'ayant tenu seulement quatre nuis,
Je sens sa force en moi déjà plus lente.

O petit trou, trou mignard, trou velu,
D'un poil folet mollement crespelu,
Qui à ton gré domptes les plus rebelles:

Tous vers galans devraient, pour t'honorer,
A beaux genoux te venir adorer,
Tenant au poin leurs flambantes chandelles!

SONETO

Eu te saúdo, fenda de portentos,
A luzir entre dois flancos macios;
Saúdo-te, buraco de amavios,
Que dás ao meu viver contentamento.

Enfim me libertaste dos tormentos
Do alado arqueiro e dos meus desvarios;
Só quatro noites eu te possuí e o
Poder do arqueiro fez-se em mim mais lento.

Pequeno furo, furo arteiro, furo
Tão bem guardado em matagal obscuro,
Que ao mais rebelde domas com presteza:

Todo vero galã, para te honrar,
Devia de joelhos te adorar,
Firme empunhando a sua vela acesa!

SONNET

Douce lancette à la couleur vermeille,
Dardand parfois la plus prompte vigueur,
Qui, au toucher, met le feu dans le coeur,
Arroidissant la vie qui sommeille,

Et qui savoure, avecques sa pareille,
Le doux friand d'une douce liqueur,
Refraîchissant la brûlante Rigueur
Du sang bouillant sous l'ardeur non pareille,

Chatouille un peu mon maintien endormi,
Te retirant, t'avançant à demi,
Dedans le clos de la mienne couchée;

Je te rendrai le semblable plaisir,
En attendant la lutte tresbuchée,
Qui mettra sus le plus outré desir.

SONETO DA PRIAPÉIA

Doce lanceta cuja cor vermelha
Dardeja às vezes cheia de vigor;
Teu toque põe nas veias um calor
Que acorda a vida e ao fogo se assemelha.

Tu saboreias, com tua parelha,
O doce gosto de um doce licor,
Com o qual se arrefece o ígneo Rigor
Do sangue a ferver de ardor sem parelha.

Afaga-me um pouco a fibra dormente,
Andando para trás e para a frente
No estreitamento da minha pousada.

Eu te darei idêntico prazer
Enquanto espero a luta redobrada
Que irá desejo mais forte empreender.

SONNET

J'avais passé quinze ans, les premiers de ma vie,
Sans avoir jamais sçeu quel estoit cet effort
Où le branle du cu fait que l'âme s'endort,
Quand l'homme a dans un con son ardeur assouvie.

Ce n'estoit pas pourtant qu'une éternelle envie
Ne me fit désirer une si douce mort,
Mais le vit que j'avois n'estoit pas assez fort
Pour rendre comme il faut une Dame servie.

Je travaille depuis, et de jour, et de nuit,
A regagner ma perte, et le temps qui s'enfuit,
Mais déjà l'Occident menace mes journées...

O Dieu! je vous appelle, aydez à ma vertu:
Pour un acte si doux, allongez mes années,
Ou me rendez le temps que je n'ai pas foutu!

SONETO

Quinze anos eu passara, os primeiros da vida,
Sem ter sabido nunca o que era esse furor
Em que a dança do cu deixa na alma um torpor
Após a ânsia viril na cona ser remida.

Não que a morte tão doce e tão apetecida
Não me impelisse um forte, juvenil ardor,
Mas o membro que eu tinha, embora lutador,
Não chegava a deixar a Dama bem servida.

Trabalho desde então com pertinácia rara
Por compensar a perda e o tempo que não pára,
Pois o sol no Poente ameaça os meus dias.

Oh Deus, venho rogar-te, meu zelo ajudai:
Para tão doce agir, meus anos alongai
Ou devolvei-me o tempo em que inda eu não fodia!

ÉPIGRAMME

Hier, la langue me fourcha,
Devisant avec Antoinette,
Je dis: "foutre!", et cette finette
Me fit la mine et se fâcha.

Je déchu de tout mon crédit,
Et vis, à sa couleur vermeille,
Qu'elle aimait ce que j'avais dit,
Mais en autre part qu'en l'oreille.

EPIGRAMA

A língua ontem me atraiçoou.
Conversando com Antonieta,
Disse eu "Que foda!" e ela, faceta,
Fez cara de quem não gostou.

Muito embora comprometido,
Vi, pelo rubor do seu rosto,
Que o que eu disse dava-lhe gosto,
Mas noutro lugar, não no ouvido.

THE VINE

I dreamed this mortal part of mine
Was metamorphosed to a vine,
Which crawling one and every way
Enthralled my dainty Lucia.
Methought her long, small legs and thighs
I with my tendrils did surprise;
Her belly, buttocks and her waist
By my soft nervelets were embraced;
About her head I writhing hung,
And with rich clusters (hid among
The leaves) her temples I behung,
So that my Lucia seemed to me
Young Bacchus ravished by his tree.
My curls about her neck did crawl,
And arms and hands they did enthrall
So that she could not freely stir
(All parts there made one prisoner).
But when I crept with leaves to hide
Those parts which maids keep unespyed,
Such fleeting pleasures there I took
That with the fancy I awoke,
And found (ah, me!) this flesh of mine
More like a stock than like a vine.

A VINHA

Sonhei que esta mortal parte minha
Se metamorfoseara numa vinha,
A qual, dando volta sobre volta,
Cativara minha Lúcia graciosa.
Assim, suas pernas e quadris
Co'as minhas gavinhas surpreendi;
Seu ventre, nádegas, cintura,
Rodeei com minhas brandas nervuras;
Em torno da cabeça, eu serpente,
Grandes rácimos (ocultos entre
As folhas) prendi às suas têmporas.
Do jovem Baco era Lúcia imagem,
Dele preso em sua folhagem.
No colo meus cachos a envolviam,
De seus braços e mãos restringiam
Os gestos (e ali um só, dessarte,
Prisioneiro fizeram tais partes).
Mas quando com folhas fui tapar
As partes que as donzelas do olhar
Alheio guardam, tanto prazer
Eu tive que acordei para ver,
(Ai de mim!) ver esta carne minha
Feita mais um tronco que uma vinha.

DIE GUTE DIÄT

Charlotte hatte ihrem Arzt gesagt,
Dass ihr das Liebeswerk des Morgens sehr behagt,
Allein gesünder sei's, des Abends sich zu pflegen.
Nun will sie aber mit Bedacht
Es täglich zweimal tun,
Des Morgens, weil's Vergnügen macht,
Des Abends der Gesundheit wegen.

A BOA DIETA

Carlota dissera ao seu doutor
Que lhe agradava, de manhã, fazer amor,
Embora à noite a coisa fosse mais sadia.
Sendo ela prudente, resolveu
Fazê-lo duas vezes ao dia:
De manhã, por prazer
De noite, por dever.

ÉPIGRAMME

Aimons, foutons, ce sont plaisirs
Qu'il ne faut pas que l'on sépare;
La jouissance et les désirs
Sont ce que l'âme a de plus rare.
D'un vit, d'un con, et de deux coeurs,
Naît un accord plein de douceurs,
Que les dévots blâment sans cause.
Amarillis, pensez-y bien:
Aimer sans foutre est peu de chose
Foutre sans aimer ce n'est rien.

EPIGRAMA

Amar, foder: uma união
De prazeres que não separo.
A volúpia e os desejos são
O que a alma possui de mais raro.
Caralho, cona e corações
Juntam-se em doces efusões
Que os crentes censuram, os loucos.
Reflete nisto, oh minha amada:
Amar sem foder é bem pouco,
Foder sem amar não é nada.

Q. Who is a bashful woman?
A. She who, lying on her back, covers her face with her smock.
Q. Who is a fearful woman?
A. She who claps her tail between her legs or she who dares not [sleep without a man.
Q. Who is a bold, daring woman?
A. She that dares singly oppose ten men at the entrance of one [breach.
Q. What is a curious woman?
A. One who desires to know what every man can do.
Q. Who are most gluttonous?
A. Women; for having two mouths — one for the day and the [other for the night — they feed continually.
Q. A maid being, asked whether she would choose to be changed [into a hen or a goose?
A. Her answer was, 'Into a hen'; and the reason was, because the [hen enjoys her cock all the year round, but the goose only in [spring time.

QUE É UMA MULHER

P. Que é uma mulher acanhada?
R. A que quando deita de costas esconde o rosto com as saias.
P. Que é uma mulher medrosa?
R. A que põe o rabo entre as pernas ou não consegue dormir
[sem um homem ao seu lado.
P. Que é uma mulher audaciosa?
R. A que ousa afrontar sozinha dez homens à entrada de uma
[brecha.
P. Que é uma mulher curiosa?
R. A que deseja saber o que um homem é capaz de fazer.
P. Quem é mais guloso?
R. A mulher; como ela tem duas bocas — uma para de dia, a
[outra para de noite —, nunca pára de comer.
P. Se eu perguntasse a uma jovem se preferia transformar-se em
[gansa ou em galinha, o que ela respondia?
R. Que em galinha; a galinha desfruta o galo o ano inteiro, e o
[ganso só na primavera.

De Nugae Venales, 1680

Johnny took Joan by the arm
And led her unto the haycock;
And yet he did her no harm,
Although he felt under her smock.
    Although he did touse her,
    Although he did rouse her
Until she backwards did fall,
    She did not complain
    Nor his kindness refrain,
But prayed him to put it in all.

A monarch I'll be when I lie by thy side,
And thy pretty hand my sceptre shall guide.

JOÃO E MARIA

João pegou Maria pelo braço
E gentil levou-a atrás da moita
Mas não lhe tirou nenhum pedaço:
Sob a saia, a sua mão afoita
    Só a pôs em desalinho
    Com o fervor dos carinhos.
E quando ela se deitou, matreira,
    Não opôs, tenho certeza,
    Nenhum estorvo à gentileza:
Pediu-lhe, antes, que a enfiasse inteira.

De Love's Masterpiece, 1683

O MONARCA

Um monarca eu serei quando, estendido ao teu lado,
O meu cetro for por tua linda mão guiado.

De Wit's Cabinet, aprox. 1700

In the Fields of Lincoln's Inn,
    Underneath a woollen blanket,
    On a flock-bed, God be thanked,
Feats of active love were seen.

Phillis, who, you know, loves swiving
    As the Gods love pious prayers,
Lay most pensively contriving
    How to use her pricks by pairs.

Corydon's aspiring tarse,
    Which to cunt had near submitted,
    Wet with amorous kiss she fitted
To her less frequented arse.

Strephon's was a handful longer,
    Stiffly propped with eager lust —
In Love's wars no champion stronger —
    This into her cunt she thrust.

Now for civil wars prepare,
    Raised by fierce intestine bustle,
    When these heroes meeting justle
In the bowels of the fair.

A NINFA E OS PASTORES

Por debaixo de um cobertor,
No campo de uma hospedaria,
Benza Deus, com que valentia
Travou-se uma guerra de amor.

Phillis, que gosta de foder
Como os deuses de sacrifícios,
Pensava em ter maior prazer
Alternando os dois orifícios.

De Corydon o ansioso nabo
Que na frente já quase enfiara,
Molhou com longo beijo para
Pôr no — menos usado — rabo.

Por bem mais comprido, ao caralho
De Estêvão, em pé de tesão,
Na cona lhe deu agasalho,
A ele em tantas pugnas campeão.

Uma guerra civil logo há de
Romper, intestina e feroz,
Ao se toparem os heróis
Dentro das tripas da beldade.

They tilt and thrust with horrid pudder;
    Blood and slaughter is decreed,
Hurling souls at one another
    Wrapt in flaky clots of seed.

Nature had 'twixt cunt and arse
    Wisely placed firm separation

    God knows else what desolation
Had ensued from warring tarse.

Nor did th'event of what we treat on
    Happen worse than was desired:
The nymph was sorely ballock beaten,
    Both the shepherds soundly tired.

Numa fúria de sangue e fogo,
    Enristam, empurram, espremem-se,
Almas que se atiram uma à outra
    Envoltas em grumos de sêmen.

O cu da cona separou
    A Natureza por caução.

    Sabe Deus que desolação
Uma guerra assim não causou.

Nem por isso a cena se fecha
    De modo pior que o desejado!
A ninfa jaz batida em brecha
    E os dois pastores esfalfados.

Real Biblioteca de Estocolmo,
MS Vu 69

A WHORE

ROCHESTER

She was so exquisite a whore
    That in the belly of her mother
She turned her cunt so right before
    Her father fucked them both together.

QUARTET

ROCHESTER

NELL GWYN
When to the king I bid good morrow,
    With tongue in mouth and hand on tarse,
Portsmouth may rend her cunt for sorrow
    And Mazarin may kiss my arse.

DUCHESS OF PORTSMOUTH
When England's monarch's on my belly
    With prick in cunt, though double crammed,
Fart of mine arse for small whore Nelly,
    And great whore Mazarin be damned.

UMA PUTA

ROCHESTER

Era uma puta precoce e consumada:
    Deu no ventre da mãe uma guinada
Tal que juntou cona a cona e, maravilha,
    O pai fodeu conjuntas mãe e filha.

QUARTETO

ROCHESTER

NELL GWYN
Quando despeço-me do rei a jeito,
    A língua em sua boca e a mão no nabo,
Portsmouth que feche a cona de despeito,
    E Mazarino que me beije o rabo.

DUQUESA DE PORTSMOUTH
Quando o rei da Inglaterra em mim se aninha
    E a minha cona com seu pau labuta,
Um peido mando para Nelly, essa putinha;
    Dane-se Mazarino, a grande puta.

MARRIAGE

BUTLER

A married man comes nearest to the dead,
And to be buried, 's but to go to bed.

from LOVE

BUTLER

When a surfeit of delight
Has dulled the lover's appetite,
He must have time, till new desire
Restore again his amorous fire.

O! 'tis a happy and heavenly death
When a man dies above, and a woman beneath.

CASAMENTO

BUTLER

O homem casado é quase um morto, e o prova
Indo pra cama como quem fosse pra cova.

DE *AMOR*

BUTLER

Quando o deleite sem limites
Venha a lhe embotar o apetite,
Repouse o amante da contenda
Até que o fogo se reacenda.

Oh! divina morte a que tiver
O homem por cima e embaixo a mulher.

ÉPIGRAMME

Un Barnabite exploitait soeur Colette
Mal à son aise au travers du parloir
Ah! quel travail, lui disait la nonnette,
Bien mieux au lit ferions un tel devoir.
Ma chère soeur, reprit le moine noir,
Un tel penser vient de l'esprit immonde;
Dieu ne nous fit pour nos aises avoir
En ce bas lieu, comme les gens du monde.

EPIGRAMA

Palpava um Barnabita irmã Colette
Por trás do parlatório, em desajeito.
A freirinha queixou-se: Nem se mete
Assim. Melhor seria estar num leito.
Cara irmã, disse o monge, contrafeito,
Essa idéia vem do espírito imundo;
Deus não nos fez para estarmos a jeito
Cá embaixo, como a gente do mundo.

EIN KLEINES PREISLIED

Das Gärtlein still vom Busch umhegt,
Das jeden Monat Rosen trägt,
Das gern den Gärtner in sich schliesst,
Der es betreut, der es begiesst,
    Es lebe hoch!

Der Bergmann stark und wohlgenährt,
Der ohne Licht zur Grube fährt,
Der immer wirkt und immer schafft,
Bis er erlahmt, bis er erschlafft,
    Er lebe hoch!

PEQUENA LOUVAÇÃO

O jardinzinho bem fechado
Todo mês de rosas ornado
Onde o jardineiro se enfia
E cuida e rega noite e dia,
Louvado seja!

O bom mineiro tão robusto
Que em negro buraco, sem susto,
Penetra e fura sem cansaço,
Até acabar-se, ficar lasso,
Louvado seja!

VENEZIANISCHE EPIGRAMME

* * *

Lange sucht' ich ein Weib mir; ich suchte, da fand ich nur Dirnen;
endlich erhascht' ich dich mir, Dirnchen; da fand ich ein Weib!

* * *

Gib mir statt "der Sch..." ein ander Wort, o Priapus,
denn ich Deutscher, ich bin übel als Dichter geplagt.
Griechisch nenn' ich dich Phallos, das klänge doch prächtig den
[Ohren,
und lateinisch ist auch Mentula leidlich ein Wort.
Mentula käme von mens, der Sch... ist etwas von hinten,
und nach hinten war mir niemals ein froher Genuss.

* * *

Zürnet nich ihr Frauen, das wir das Mädchen bewundern:
ihr geniesset des Nachts, was sie am Abend erregt.

* * *

Knaben liebt ich wohl auch, doch lieber sind mir die Mädchen:
Hab' ich als Mädchen sie satt, dient sie als Knabe mir noch.

* * *

Nackend willst du nicht neben mir liegen, du süsse Geliebte;
schamhaft hältst du dich noch mir im Gewande verhüllt.
Sag mir, begehr' ich dein Kleid? Begehr' ich den lieblichen
[Körper?
Nun, die Scham ist ein Kleid; zwischen Geliebten hinweg!

* * *

Was ich am meisten besorge: Bettine wird immer geschickter,
immer beweglicher wird jegliches Gliedchen an ihr;
endlich bringt sie das Zünglein noch ins zierliche F...,
spielt mit dem artigen selbst, achtet die Männer nicht viel.

DOS EPIGRAMAS VENEZIANOS

* * *

Quanto tempo procurei uma mulher; só achava putas.
Finalmente te apanhei, putinha: aí tive uma mulher.

* * *

Dá-me, em vez de Schwanz, uma outra palavra, Priapo,
Pois que, poeta, estou mal servido em alemão.
Chamam-te phallos em grego, o que soa bem ao ouvido
E a mentula latina é palavra tolerável.
Mentula vem de mens, Schwanz tem a ver com traseiro,
Onde nunca senti alegria nem prazer.

* * *

Não vos irrite, mulheres, admirarmos as moças:
Gozais de noite o que elas de dia excitam.

* * *

Gosto de rapazes, mas muito mais de moças:
Satisfaço a moça, e ela me serve de rapaz.

* * *

Não te queres deitar nua ao meu lado, bem-amada;
Por vergonha te escondes de mim em tuas vestes.
Diz-me, o que cobiço? A tua roupa ou o teu corpo?
Vergonha: uma roupa que os amantes jogam fora.

* * *

Meu maior cuidado: Betina se faz cada dia mais destra,
Mais e mais ágeis se tornam seus braços, suas pernas;
Consegue até levar a lingüinha à sua graciosa greta
E com ela brincar: já não lhe importam muito os homens.

SONETO

Señor D. Juan, quedito, que me enfado:
besar la mano es mucho atrevimiento;
abrazarme... no, D. Juan, no lo consiento.
Cosquillas... ay Juanito... ¿y el pecado?

Qué malos son los hombres... mas, cuydado
que me parece, Juan, que pasos siento...
no es nadie... pues despachemos un momento.
¡Ay, qué placer... tan dulce y regalado!

Jesús, que loca soy, quién lo creyera
que con un hombre yo... siendo cristiana
mas... que... de puro gusto... ¡ay... alma mía!

Ay, que vergüenza, vete... ¿y aún tienes gana?
Pues cuando tú lo pruebes otra vez...
pero, Juanito, ¿volverás mañana?

SONETO

Senhor D. João, quietinho, que me enfado:
beijar a mão é muito atrevimento;
abraçar-me... isso não, que me apoquento.
Cosquinhas... ai Joãozinho... e o pecado?

Como são maus os homens... mas cuidado
que me parece ouvir passos lá dentro...
não é ninguém... apressa o teu momento.
Ai que prazer... tão doce e regalado!

Jesus, sou uma louca, quem diria
que com um homem eu... sendo cristã
mas... que... de puro gozo... ai! vida minha!

Quanta vergonha... Vai-te... Queres mais?
O que tiveste não te satisfaz?
Oh meu Joãozinho, voltas amanhã?

LA SOURIS

Lise, jeune et craintive
Redoute les souris;
Une souris bien vive
Vient exciter ses cris;
Pour cause aussi légère,
Le bruit me parait fou.
Lise, laissez-la faire:
Elle cherche son trou.

Dans sa peur qui redouble
Lise fuit, mais en vain;
La souris qui se trouble
Lui saute dans la main.
La belle, en criant, serre
Cet animal filou.
Lise, laissez-la faire:
Elle cherche son trou.

Mais l'effroi la domine:
Lise s'évanouit.
La souris libertine
Gagne alors son réduit.
Cette souris, ma chère,
Ne craint plus le matou.
Lise, laissez-la faire:
Elle a trouvé son trou.

O RATO

Medrosa, a jovem Lisa
Teme qualquer ratinho
E berra de ojeriza
Se um lhe cruza o caminho.
Fazer tanta zoada
Por um bicho tão fraco!
Fica, Lisa, calada:
Deixa que ache o buraco.

Gritando, Lisa tenta
Fugir-lhe, mas em vão:
O rato que a atormenta
Lhe salta para a mão.
Ela aperta, assustada,
O tal bicho velhaco.
Fica, Lisa, calada:
Deixa que ache o buraco.

É tão grande o pavor
De Lisa, que desmaia.
Se mete o roedor
Por sob a sua saia.
Sem medo de mais nada,
Põe-se a comer seu naco.
Fica, Lisa, calada:
Ele achou o buraco.

5

Vaju cantandu la notti sirena:
mugghierima è prena, non sacciu chi fa;
vaju la notti, la trovu a lu scuru,
la pigghiu di l'anchi, nciu mentu nt'o culu.

9

Si tu fussi 'na carcarazza
e eu fussi 'nu rusignolu,
aprarissi ssa hiangazza
mu ti 'mbiscu stu pisciolu.

5

Cantando eu vou pela noite serena:
mulher minha prenha, não sei o que faça;
pela noite eu vou e a encontro no escuro,
agarro-a pelas ancas e o cu lhe furo.

9

Se tu fosses uma pega
e se eu fosse um bacurau,
farias da tua greta
um ninho para o meu pau.

23

Pe' lu muliettu miu chi bella paglia
ch'aju trovatu ncucchia a su curtigliu!
Pe' tri cavalli a mamma voli paglia,
e la figlia t'arricchia a cientu miglia.
A mamma jetta fuocu senza scaglia,
a figlia senza scaglia fuocu piglia:
si la furtuna vo ch'iu ci la ncagliu,
prima mi guodu a mamma e pua la figlia.

45

Donna, non te tenire tanta crasta,
ca tu lu fierru miu provatu l'hai;
eu t'haiu reminatu comu pasta,
e comu farina te cernuliai.
Ssu bellu hiure che tieni a ssa grasta
fuozi lu primu chi lu spampuliai.
Na parola te dicu e tantu basta:
si ssu leggiu o gravusu tu lu sai.

23

Para o meu jumento que bela palha
vim encontrar aqui neste cortil!
Para três cavalos a mãe quer palha
e a orelha da filha ouve qualquer pio.
Pega fogo a mãe mesmo sem fuzil,
mesmo sem fuzil pega fogo a filha.
Se a minha boa estrela ainda brilha,
primeiro gozo a mãe, depois a filha.

45

De orgulhosa, mulher, nunca te faças:
que a provar do meu ferro já te dei;
já te apertei como se fosses massa,
e como farinha já te peneirei.
As flores tuas, de tamanha graça,
antes de qualquer outro, as desfolhei.
Tu bem sabes se sou, e é quanto basta,
leve ou pesado; nada mais direi.

L'INCISCIATURE

Che sscenufreggi, ssciupi, strusci e ssciatti!
Che ssonajjera d'inzeppate a ssecco!
Iggni bbotta, peccrisse, annava ar lecco:
Soffiamio tutt'e ddua come ddu' gatti.

L'occhi invetriti peggio de li matti:
Sempre pelo co ppelo, e bbecc'a bbecco.
Viè e nun vieni, fà e ppijja, ecco e nnun ecco;
E ddajje, e spiggne, e incarca, e striggni e sbatti

Un po' ppiú cche ddurava stamio grassi!
Ché ddoppo avé ffinito er giucarello
Restassimo intontiti com'e ssassi.

È un gran gusto er fregà! ma ppe ggoddello
Piú a cciccio, ce voría che ddiventassi
Giartruda tutta sorca, io tutt'uscello.

A EMBOCADURA

Que esfregações, gemidos, desbaratos!
Que arremessos a seco, numa enfiada!
Todos no alvo, por Cristo, desde a entrada:
Ficam bufando os dois como dois gatos.

Olhos vidrados, pior que de insensatos:
Pêlo com pêlo, boca a boca atada,
E enfia e empurra e bate sem parada;
Vai e vem, põe e tira num só ato.

Descalabro se um pouco mais durasse!
Chegada a brincadeira ao seu final,
Ficamos feito pedras, inconscientes.

É muito bom foder! Mas o ideal
Seria nos tornarmos realmente
Gertrudes toda cona e eu todo pau.

MORALITÉ

Ma fille, sois ardente,
    Mais prudente,
Et sentant l'oreiller
    Se plier
Tout au bas de ton ventre
    Où rien n'entre,
Ne va pas pour jouir
    Enfouir
Dans ta fleur élargie
    Ta bougie.
Bientôt le chandelier
    Tout entier
Suivrait, sans la bobèche
    Qui l'empêche.
Au fond du temple étroit
    Que le doigt
Respecte la membrane
    Diaphane
Dont passera l'hymen
    L'examen.

MORALIDADE

Menina, sê ardente,
    Mas prudente,
Se sentires calores
    Sedutores
Embaixo do teu ventre.
    Que não entre
Tua flor de donzela
    Uma vela,
Pois logo o castiçal
    — Por teu mal —
Lhe iria atrás, matreiro,
    Quase inteiro.
Em templo tão estreito,
    Vá com jeito
Teu dedo em sua gana,
    E a membrana
Só rompa, do hímen teu,
    O himeneu.

A WOMAN WAITS FOR ME

A woman waits for me, she contains all, nothing is lacking,
Yet all were lacking if sex were lacking, or if the moisture of
[the right man were lacking.

Sex contains all, bodies, souls,
Meanings, proofs, purities, delicacies, results, promulgations,
Songs, commands, health, pride, the maternal mystery, the
[seminal milk,
All hopes, benefactions, bestowals, all the passions, loves, beauties,
[delights of the earth,
All the governments, judges, gods, follow'd persons of the earth,
These are contain'd in sex as parts of itself and justifications of
[itself.

Without shame the man I like knows and avows the delicious-
[ness of his sex,
Without shame the woman I like knows and avows hers.

Now I will dismiss myself from impassive women,
I will go stay with her who waits for me, and with those women
[that are warm-blooded and sufficient for me,
I see that they understand me and do not deny me,
I see that they are worthy of me, I will be the robust husband
[of those women.

UMA MULHER ESPERA POR MIM

Uma mulher espera por mim, nela tudo se contém, não falta nada,
No entanto faltaria tudo se lhe faltasse o sexo ou a umidade do
[homem certo.

Tudo se contém no sexo, corpos, almas,
Significados, provas, purezas, delicadezas, proclamações, efeitos,
Ordens, canções, higidez, orgulho, o mistério materno, o leite
[seminal,
As esperanças todas, bens, outorgas, todas as paixões, belezas,
[amores, os deleites da terra,
Todos os governos, juízes, deuses, o cortejo de pessoas da terra,
Tudo se contém no sexo como partes de si e justificações de si.

Sem pejo o homem de quem gosto sabe e confessa as delícias
[do sexo,
Sem pejo a mulher de quem eu gosto sabe e confessa as do
[sexo dela.

Pois eu me afasto das mulheres insensíveis,
Para ficar com a que espera por mim, e com as mulheres de
[sangue quente que me satisfazem,
Eu vejo que elas me compreendem e não me repudiam,
Vejo que são dignas de mim e eu serei delas o marido vigoroso.

They are not one jot less than I am,
They are tann'd in the face by shining suns and blowing winds,
Their flesh has the old divine suppleness and strength,
They know how to swim, row, ride, wrestle, shoot, run, strike,
[retreat, advance, resist, defend themselves,
They are ultimate in their own right — they are calm, clear,
[well possess'd of themselves.

I draw you close to me, you women,
I cannot let you go, I would do you good,
I am for you, and you are for me, not only for our own sake,
[but for others' sakes,
Envelop'd in you sleep greater heroes and bards,
They refuse to awake at the touch of any man but me.

It is I, you women, I make my way,
I am stern, acrid, large, undissuadable, but I love you,
I do not hurt you any more than is necessary for you,
I pour the stuff to start sons and daughters fit for these States,
[I press with slow rude muscle,
I brace myself effectually, I listen to no entreaties,
I dare not withdraw till I deposit what has so long accumulated
[within me.

Through you I drain the pent-up rivers of myself,
In you I wrap a thousand onward years,
On you I graft the grafts of the best-beloved of me and America,
The drops I distil upon you shall grow fierce and athletic girls,
[new artists, musicians, and singers,
The babes I beget upon you are to beget babes in their turn,

Essas mulheres não são em nada inferiores a mim,
Têm o rosto tisnado pelo brilho dos sóis e pelo sopro dos ventos,
Há na carne delas, antigas e divinas, agilidade, força,
Elas sabem nadar, remar, montar, lutar, atirar, correr, bater,
[recuar, avançar, resistir, defender-se sozinhas,
São supremas por direito próprio — são calmas, límpidas, donas
[de si mesmas.

Puxo vocês para junto de mim, mulheres,
Não as posso deixar ir, vou lhes fazer bem
Existo para vocês e vocês para mim, não apenas para o nosso
[bem, mas para o bem dos outros,
Envoltos em você dormem grandes heróis e bardos,
Eles se recusam a acordar pelo toque de outro homem que não
[eu.

Sou eu, mulheres, abro o meu caminho,
Sou severo, cáustico, indissuadível, mas amo vocês,
Não as machuco mais que o necessário a vocês mesmas,
Derramo a substância geradora de filhos e filhas dignos destes
[Estados, assedio com músculo pausado e rude,
Me firmo eficazmente, não dou ouvido a rogos,
Não ouso retirar-me sem depositar o que há de muito acumulei
[dentro de mim.

Através de vocês eu dreno os rios enclausurados de mim mesmo
Em vocês concentro mil anos de futuro,
Em vocês faço enxerto dos tão amados por mim e pela América,
As gotas que em vocês destilo farão medrar moças atléticas e
[ardentes, novos artistas, músicos, cantores,
As crianças que em vocês procrio vão procriar, por sua vez,
[outras crianças,

I shall demand perfect men and women out of my love-spendings,
I shall expect them to interpenetrate with others, as I and you [interpenetrate now,
I shall count on the fruits of the gushing showers of them, as I [count on the fruits of the gushing showers I give now,
I shall look for loving crops from the birth, life, death, immor- [tality,
I plant so lovingly now.

Exigirei, dos meus dispêndios amorosos, homens e mulheres
[perfeitos,
Eles irão se interpenetrar, espero, como eu e você agora nos
[interpenetramos,
Contarei com os frutos dos generosos aguaceiros deles como
[conto com os frutos dos aguaceiros que ora entorno.
Vou ficar à espera das ternas colheitas do nascimento, vida,
[morte, imortalidade
Que tão amorosamente planto agora.

LES PROMESSES D'UN VISAGE

J'aime, ô pâle beauté, tes sourcils surbaissés,
    D'où semblent couler les ténèbres;
Tes yeux, quoique très-noirs m'inspirent des pensers
    Qui ne sont pas du tout funèbres.

Tes yeux, qui sont d'accord avec tes noirs cheveux,
    Avec ta crinière élastique,
Tes yeux, languissamment, me disent: "Si tu veux,
    Amant de la muse plastique,

Suivre l'espoir qu'en toi nous avons excité,
    Et tous les goûts que tu professes,
Tu pourras constater notre véracité
    Depuis le nombril jusqu'aux fesses;

Tu trouveras, au bout de deux beaux seins bien lourds,
    Deux larges médailles de bronze,
Et sous un ventre uni, doux comme du velours,
    Bistré comme la peau d'un bonze,

Une riche toison qui, vraiment, est la soeur
    De cette énorme chevelure,
Souple et frisée, et qui t'égale en épaisseur,
    Nuit sans étoiles, Nuit obscure!"

AS PROMESSAS DE UM ROSTO

Amo, ó pálida beleza, os teus cenhos curvados
    Que dão às trevas todo o império;
Teus olhos, embora negros, me inspiram cuidados
    Que não têm nada de funéreos.

Teus olhos, que imitam a negrura dos cabelos
    Da tua longa crina elástica,
Teus olhos langues me dizem: "Amante, se o apelo
    Queres seguir da musa plástica

Que infundimos no teu ser, ou tudo que contigo
    Em matéria de gosto trazes,
Poderás ver, desde as nádegas até o umbigo,
    Que nós te fomos bem verazes;

Encontrarás, sobre dois belos seios pontudos,
    Dois grandes medalhões de bronze,
E sob o ventre liso, macio como veludo,
    Amorenado como bronze,

Um rico tosão que à tua enorme cabeleira
    Copia no negrume e na espessura;
De tão sedoso e encrespado, ele te iguala inteira,
    Noite sem astros, Noite escura!"

HOMMAGE DÛ

Je suis couché tout de mon long sur son lit frais:
Il fait grand jour; c'est plus cochon, plus fait exprès
Par le prolongement dans la lumière crue
De la fête nocturne immensément accrue
Pour la persévérance et la rage du cu
Et ce soin de se faire soi-même cocu.
Elle est à poil et s'accroupit sur mon visage
Pour se faire gamahucher, car je fus sage
Hier et c'est — bonne, elle, au delà du penser? —
Sa royale façon de me récompenser.
Je dis royale, je devrais dire divine:
Ces fesses, chair sublime, alme peau, pulpe fine,
Galbe puissamment pur, blanc riche, aux stries d'azur,
Cette raie au parfum bandatif, rose obscur,
Lente, grasse, et le puits d'amour, que dire sur!
Régal final, dessert du con bouffé, délire
De ma langue harpant les plis comme une lyre!
Et ces fesses encor, telle une lune en deux
Quartiers, mystérieuse et joyeuse, où je veux
Dorénavant nicher mes rêves de poète
Et mon coeur de tendeur et mes rêves d'esthète!
Et, maîtresse, ou mieux, maître en silence obéi,
Elle trône sur moi, caudataire ébloui.

HOMENAGEM DEVIDA

Deito-me de comprido no seu leito morno.
A claridade do dia está mais de acordo
Com a ânsia obscena de prolongar, à luz crua,
O noturno festim, pois a luz acentua
O afinco, a fúria do nabo, e vai nisto tudo
Uma estranha vontade de fazer-se galhudo.
Nua em pêlo, ela se agacha sobre o meu rosto
Para ser lambida: ontem me portei a gosto
E esta será (boa, ela, além do que pensa)
A minha paga, a minha real recompensa.
Eu disse real, devia dizer divina:
Nádegas de carne sublime e pele fina,
Branco, puro perfil de azuladas nervuras,
Sulco de intenso perfume, a rosa sombria,
Lenta, gorda, e o poço do amor, as iguarias!
Fim do festim, de sobremesa a cona, a lira
Em cujas pregas, cordas, a língua delira!
E essas nádegas ainda, lua de dois
Quartos, alegre e misteriosa, em que depois
Irei alojar os meus sonhos de poeta,
Meu terno coração e meus sonhos de esteta!
E amante, ou melhor, amo em silêncio obedecido,
Reina ela sobre mim, o seu servo rendido.

III

Obscur et froncé comme un oeillet violet
Il respire, humblement tapi parmi la mousse
Humide encor d'amour qui suit la rampe douce
Des fesses blanches jusqu'au coeur de son ourlet

Des filaments pareils à des larmes de lait
Ont pleuré sous le vent cruel qui les repousse
A travers de petits caillots de marne rousse,
Pour s'aller perdre où la pente les appelait.

Mon rêve s'aboucha souvent à sa ventouse.
Mon âme, du coït matériel jalouse,
En fit son larmier fauve et son nid de sanglots.

C'est l'olive pâmée et la flûte câline,
Le tube d'où descend la cêleste praline,
Chanaan féminin dans les moiteurs enclos.

TERCEIRO SONETO DE "LES STUPRA"

Franzida e obscura como um ilhós violeta,
Ela respira, humilde, entre a relva rociada
Inda do amor que desce a branda rampa das
Alvas nádegas até o coração da greta.

Filamentos iguais a lágrimas de leite
Choraram sob o vento atroz que os arrecada
E os impele através de marnas arruivadas
Até perderem-se na fenda dos deleites.

Beijando-lhe a ventosa, o meu sonho o freqüenta.
A minha alma, do coito material ciumenta,
Qual lacrimal e ninho de soluços usa-a.

É a oliva esvaída e é a flauta agreste,
O tubo pelo qual desce a amêndoa celeste,
Feminil Canaã em seus rocios reclusa.

HERCULE ET OMPHALE

Le cul
D'Omphale
Vaincu
S'affale.

— Sens-tu
Mon phalle
Aigu?
— Quel mâle!...

Le chien
Me crève!...
Quel rêve!...

... Tiens bien!
Hercule
L'encule.

HÉRCULES E ÔNFALE

O cu
Onfálico
(Vão cu!)
Cai rápido.

— Vês tu
Quão fálico?
— Taful!
Priápico!

Que sonho
Medonho!...
Segura!...

E a fura
O hercúleo
Acúleo.

LA VASELINE

Chez un pharmacien, place de l'Opéra,
Un monsieur fort bien mis en coup de vent entra:
"Vite, dit-il, donnez-mois de la vaseline!"
Le potard, empressé, demande à ce client
Impatient
A quel us il destine
Le gras ingrédient:
"Est-ce pour le visage? Il en faut de la fine...
En voici
De si
Pure
Que sur votre figure
Sans danger vous pouvez l'étaler...
J'en ai de boriquée... et je la recommande..."
Le client, trépignant, répond: "Belle demande!
Je m'en fous bougrement, car c'est pour enculer!"

A VASELINA

Praça da Ópera: por uma farmácia a dentro
Entra um senhor bem-posto feito um pé-de-vento:
"Estou com pressa", diz. "Eu quero vaselina."
Gentil, o boticário indaga do cliente
Impaciente
A que uso se destina
O graxo ingrediente:
"Se for para o rosto, é melhor levar da fina...
Qual?
Que tal
Este artigo
Que o senhor, sem perigo,
Pode no rosto usar?
Eu por mim recomendo sempre a boricada."
E o cliente, a bufar: "Mas que papagaiada!
Pouco me importa qual, pois é para enrabar!"

LES ROUILLES ENCAGÉES

Ah! les petites filles qui relèvent leur robe
pour se branler dans les buissons
ou dans les musées
derrière les Apollons en plâtre
pendant que leur mère compare la queue de la statue
à celle de son mari
et soupire
Ah! si mon mari lui ressemblait
Un jour la mère reviendra seule au musée
mais sa fille s'enfuira de l'autre côté
la queue à la main
et la mère désolée
volera une poignée de porte
en cristal

DE *AS FERRUGENS ENGAIOLADAS*

Ah! as mocinhas que erguem o vestido
para se esfregarem na moita
ou então nos museus
atrás de Apoios de gesso
enquanto a mãe delas compara a vara da estátua
com a do marido
e suspira
Ah! se meu marido fosse parecido
Um dia a mãe voltará sozinha ao museu
mas a filha dela fugirá pelo outro lado
vara na mão
e a mãe desolada
roubará de uma porta
a maçaneta de cristal

SAISON

Bilboquet dont je suis la tige
Sur laquelle est tombé ton corps,
Je comprends bien qu'un jeu pareil
Puisse te donner le vertige!

Aussi afin de satisfaire
Les désirs que loges en toi —
L'amour ne les veut qu'à l'étroit —
Rends-moi mignonne la pareille

C'est à ma tige alors de faire
Les doux mouvements de recul
Capables d'émouvoir ton cul
Mais non ta coquille d'amour

Puisque le sang rosit encor
L'entrecuisse où tu me préfères.

SAZÃO

Do bilboquê sou o bastão
Sobre o qual despenca o teu corpo;
Não é de estranhar que tal jogo
Possa causar-te sensação.

Para de modo conveniente
Satisfazer os teus desejos
— Amor sempre os quer em aperto —
Dá-me, pequena, o equivalente.

Que meu bastão nele acelere
Os movimentos de ida e volta
Com que teu rabo se conforta
Mas não tua concha de amor.

O sangue inda põe um rubor
Na entrecoxa onde me preferes.

A remarkable race are the Persians,
They have such peculiar diversions.
    They screw the whole day
    In the regular way,
And save up the nights for perversions.

There was a young lady from Cue
Who filled her vagina with glue.
    She said with a grin,
    "If they pay to get in,
They'll pay to get out of it too."

There was a young girl from Decatur
Who was fucked by an old alligator.
    No one ever knew
    How she relished that screw,
For after he fucked her, he ate her.

Uma raça notável, os lapões.
Eles cultivam raras diversões.
    Fodem o dia inteiro
    Do modo costumeiro
E a noite guardam para perversões.

Explicou certa jovem espanhola
Que lambuzou a vulva mas de cola,
    Seu gesto singular:
    "Pagaram para enfiar,
Paguem para tirar fora a pistola."

Uma linda nativa do Nilo
Foi fodida por um crocodilo.
    Ficou-se sem saber
    Se ela teve prazer
Pois ele a engoliu depois daquilo.

BAWDY CAN BE SANE

Bawdy can be sane and wholesome,
in fact a little bawdy is necessary in every life
to keep it sane and wholesome.

And a little whoring can be sane and wholesome.
In fact a little whoring is necessary in every life
to keep it sane and wholesome.

Even sodomy can be sane and wholesome
granted there is an exchange of genuine feeling.

But get any of them on the brain, and they become pernicious:
bawdy on the brain becomes obscenity, vicious.
Whoring on the brain becomes really syphilitic
and sodomy on the brain becomes a mission,
all the lot of them, vice, missions, etc., insanely unhealthy.

In the same way, chastity in its hour is sweet and wholesome.
But chastity on the brain is a vice, a perversion.
And rigid suppression of all bawdy, whoring or other such [commerce
is a straight way to raving insanity.
The fifth generation of puritans, when it isn't obscenely pro- [fligate,
is idiot. So you've got to choose.

A INDECÊNCIA PODE SER SAUDÁVEL

A indecência pode ser normal, saudável;
na verdade, um pouco de indecência é necessário em toda vida
para a manter normal, saudável.

E um pouco de putaria pode ser normal, saudável.
Na verdade, um pouco de putaria é necessário em toda vida
para a manter normal, saudável.

Mesmo a sodomia pode ser normal, saudável,
desde que haja troca de sentimento verdadeiro.

Mas se alguma delas for para o cérebro, aí se torna perniciosa:
a indecência no cérebro se torna obscena, viciosa,
a putaria no cérebro se torna sifilítica
e a sodomia no cérebro se torna uma missão,
tudo, vício, missão, insanamente mórbido.

Do mesmo modo, a castidade na hora própria é normal e bonita.
Mas a castidade no cérebro é vício, perversão.
E a rígida supressão de toda e qualquer indecência, putaria e re-
[lações assim
leva direto a furiosa insanidade.
E a quinta geração de puritanos, se não for obscenamente de-
[pravada,
é idiota. Por isso, você tem de escolher.

CABALLERO SOLO

Los jóvenes homosexuales y las muchachas amorosas,
y las largas viudas que sufren el delirante insomnio,
y la jóvenes señoras preñadas hace treinta horas,
y los roncos gatos que cruzan mi jardín en tinieblas,
como un collar de palpitantes ostras sexuales
rodean mi residencia solitaria,
como enemigos establecidos contra mi alma,
como conspiradores en traje de dormitorio
que cambiaran largos besos espesos por consigna.

El radiante verano conduce a los enamorados
en uniformes regimientos melancólicos
hechos de gordas y flacas y alegres y tristes parejas:
bajo los elegantes cocoteros, junto al océano y la luna,
hay una continua vida de pantalones y polleras,
un rumor de medias de seda acariciadas,
y senos femeninos que brillan como ojos.

El pequeño empleado, después de mucho,
después del tedio semanal, y las novelas leídas de noche en cama
ha definitivamente seducido a su vecina,
y la lleva a los miserables cinematógrafos
donde los heróes son potros o príncipes apasionados,
y acaricia sus piernas de dulce vello
con sus ardientes y húmedas manos que huelen a cigarrillos.

CAVALHEIRO SÓ

Os jovens homossexuais e as mocinhas amorosas,
e as longas viúvas que sofrem de insônia delirante,
e as jovens senhoras há trinta horas emprenhadas,
e os gatos roufenhos que atravessam meu jardim em trevas,
como um colar de palpitantes ostras sexuais
rodeiam minha casa solitária,
inimigos jurados de minha alma,
conspiradores em traje de dormir,
que trocaram por senha grandes beijos espessos.

O verão radiante conduz os namorados
em uniformes regimentos melancólicos
feitos de gordos magros e alegres tristes pares:
sob os coqueiros elegantes, junto ao mar e à lua,
há uma vida contínua de calças e galinhas,
um rumor de meias de seda acariciadas,
e seios femininos a brilhar como dois olhos.

O pequeno empregado, depois de tanta coisa,
depois do tédio semanal e das novelas lidas na cama toda noite,
seduziu sua vizinha inapelavelmente
e a leva agora a cinemas miseráveis
onde os heróis são potros ou são príncipes apaixonados,
e lhe acaricia as pernas, véu macio,
com suas mãos ardentes, úmidas que cheiram a cigarro.

Los atardeceres del seductor y las noches de los esposos
se unen como dos sábanas sepultándome,
y las horas después del almuerzo en que los jóvenes estudiantes
y las jóvenes estudiantes, y los sacerdotes se masturban,
y los animales fornican directamente,
y las abejas huelen a sangre, y las moscas zumban coléricas,
y los primos juegan extrañamente con sus primas,
y los médicos miran con furia al marido de la joven paciente,
y las horas de la mañana en que el profesor, como por descuido,
cumple con su deber conyugal y desayuna,
y más aún los adúlteros, que se aman con verdadero amor
sobre lechos altos y largos como embarcaciones:
seguramente, eternamente me rodea
este gran bosque respiratorio y enredado
con grandes flores y dentaduras
y negras raíces en forma de uñas y zapatos.

As tardes do sedutor e as noites dos esposos
se unem, dois lençóis que me sepultam,
e as horas de após almoço em que os jovens estudantes
e as jovens estudantes, e os padres se masturbam,
e os animais fornicam sem rodeios
e as abelhas cheiram a sangue e zumbem coléricas as moscas,
e os primos brincam de estranho jeito com as primas,
e os médicos olham com fúria o marido da jovem paciente,
e as horas da manhã nas quais, como que por descuido, o professor
cumpre os seus deveres conjugais e desjejua,
e inda mais os adúlteros, que com amor verdadeiro se amam
sobre leitos altos, amplos como embarcações:
seguramente, eternamente me rodeia
este respiratório e enredado grande bosque
com grandes flores e com dentaduras
e raízes negras em forma de unhas e sapatos.

CRIS

Laisse-moi t'aimer
J'aime le goût de ton sang épais
Je le garde longtemps dans ma bouche sans dents
Son ardeur me brûle la gorge
J'aime ta sueur
J'aime caresser tes aisselles
Ruisselantes de joie
Laisse-moi t'aimer
Laisse-moi lécher tes yeux fermés
Laisse-moi les percer avec ma langue pointue
Et remplir leur creux de ma salive
Laisse-moi t'aveugler

* * *

Tu veux mon ventre pour te nourrir
Tu veux mes cheveux pour te rassasier
Tu veux mes reins mes seins ma tête rasée
Tu veux que je meure lentement lentement
Que je murmure en mourant des mots d'enfant

* * *

Je veux me montrer nue à tes yeux chantants
Je veux que tu me voies criant de plaisir
Que mes membres pliés sous un poids trop lourd
Te pousse à des actes impies
Que les cheveux lisses de ma tête offerte
S'accrochent à tes ongles courbés de fureur
Que tu te tiennes debout aveugle et croyant
Regardant de haut mon corps déplumé

GRITOS

Me deixa te amar
Amo o gosto do teu sangue espesso
Por longo tempo o conservo em minha boca sem dentes
Seu ardor me incendeia a garganta
Amo o teu suor
Amo acariciar tuas axilas
Banhadas de alegria
Me deixa te amar
Me deixa lamber os teus olhos fechados
Me deixa furá-los com a minha língua pontuda
E lhes encher as órbitas com a minha saliva
Me deixa te cegar

* * *

Queres o meu ventre para te nutrires
Queres meus cabelos para te fartares
Queres meus rins meus seios minha cabeça raspada
Queres que eu morra lentamente lentamente
Que eu murmure morrendo palavras de criança

* * *

Quero me mostrar nua aos teus olhos cantantes
Que me vejas gritando de prazer
Que meus membros dobrados sob um excesso de peso
Te levem a atos ímpios
Que os cabelos lisos de minha cabeça oferta
Se embaracem nas tuas unhas recurvas de furor
Que permaneças de pé enceguecido e crente
A contemplar lá de cima o meu corpo depenado

NOTAS SOBRE OS TEXTOS, AUTORES E FONTES

DA ANTOLOGIA GREGA

A *Antologia grega* é a mais rica coleção de poesia da antigüidade helênica. Conhecida também como *Antologia palatina*, porque o seu primeiro códice foi descoberto na Biblioteca Palatina de Heidelberg em fins do século XV, contém mais de 6 mil epigramas de 330 diferentes autores, abrangendo um período de mais de dezessete séculos. Organizou-a Constantino Cefalas, um erudito bizantino do século X, valendo-se de outras antologias anteriores que não chegaram até nós. Os breves poemas que a compõem versam uma grande variedade de assuntos: epitáfios, dedicatórias, reflexões sobre a vida, a morte e a fortuna, poemas de amor e sobre a natureza, sátiras etc.

De muitos autores nela incluídos pouco ou nada (como no caso de Galo) se sabe. Dioscórides foi um poeta alexandrino de fins do século III a.C.; poemas seus figuram na *Coroa* de Meleagro, uma das coletâneas (século II a.C.) que serviram de base à *Antologia grega*. Automédon de Cízico (antiga cidade da Ásia Menor, à margem do mar de Mármara ou Propôntida) foi contemporâneo de Augusto (63 a.C.-14 d.C.) e Tibério (43 a.C.-37 d.C.) e consta na *Coroa* de Filipe, coletânea possivelmente publicada no reinado de Calígula (12-14 d.C.) que serviu também de base à antologia de Cefalas. Filodemo de Gandara (cidade bíblica à margem do mar da Galiléia) viveu em Roma no círculo de Cícero (106-43 a.C.); além de epigramatista de valor, com poemas na *Coroa* de Filipe, escreveu obras de ética, história, economia, retórica e música. Marco Argentário, a despeito do nome latino, era um poeta e retórico grego do período augustano (27 a.C.-14 d.C.); teve poemas na *Coroa* de Filipe e era conhecido de Sêneca o Retórico, que o cita em suas obras *Contro-*

vérsias e *Suasórias*. Finalmente, Rufino (século II d.C.?), também poeta grego de nome latino, era originário da Jônia e autor de uma coletânea de epigramas amorosos; não deve ser confundido com nenhum dos seus vários homônimos mais bem conhecidos.

Os poemas incluídos no presente volume são do livro V, de epigramas amatórios, da *Antologia grega*, e foram traduzidos do grego segundo o texto da edição de W. R. Paton (*The Greek anthology*, Cambridge, Mass., e Londres, Harvard U. P. e Heinemann, 1980, 1ª ed. 1916, 5 vols., texto bilíngüe grego-inglês).

CATULO

As parcas informações que se têm de Gaio Valério Catulo provêm quase todas do que ele próprio disse de si nos seus versos. Teria vivido entre 84 e 54 a.C. Nascido em Verona, numa família de prol — seu pai hospedou Júlio César —, fixou-se jovem ainda em Roma e ali passou a freqüentar os círculos elegantes. Era amigo de Cícero, cujo partido tomou contra César, objeto de algumas de suas sátiras desabusadas. Foi um dos amantes temporários de Clódia, esposa do cônsul Metelo, uma aristocrata bela, culta e de vida livre que reunia à sua volta escritores, políticos e oportunistas. Clódia costuma ser identificada com a Lésbia dos poemas amorosos de Catulo, os quais celebram as alegrias e tormentos do desejo num intimismo vigoroso, direto, que é dos pontos mais altos não só da lírica latina como de toda a poesia do Ocidente.

Além do ciclo de Lésbia e de poemas elegíacos, narrativos e epitalâmicos, Catulo cultivou o epigrama alexandrino com uma originalidade e uma malícia sem peias. Ao grupo desses poemas desbocados, que numa época tão liberal em matéria de costumes o próprio poeta considerava "obscenos e muito pouco pudicos", pertencem os dois epigramas aqui traduzidos. O Catão do "Carmem" ou poema 56 não é Catão o Antigo, moralista severo e inimigo de Cartago, mas um homônimo muito posterior, poeta e crítico: Públio Valério Catão teria sido o centro aglutinador dos "novos" poetas que, Catulo à frente, empreenderam renovar a poesia latina, trocando a solenidade pomposa da sua épica por uma dicção lírica mais ágil, coloquial, de metros variados e empenhada sobretudo na expressão dos sentimentos pessoais.

Na tradução, utilizei o texto latino dos *Carmina* estabelecido por Georges Lafaye (Paris, Les Belles Lettres, 1923).

MARCIAL

Marco Valério Marcial nasceu em Bílbilis, hoje Bambola, na Espanha, mas a data do seu nascimento é incerta: situa-se algures entre os anos 38 e 41 a.C. Depois de ter adquirido aprimorada educação na sua província, dirigiu-se aos 24 anos para Roma, em busca da glória e da fortuna. Alcançou a primeira com os cerca de 1500 epigramas que escreveu e que o consagraram literariamente. Quanto à fortuna, teve de contentar-se com aquilo que a generosidade de um ou outro protetor consentia em dar-lhe. Após anos a fio de mundanidade forçada, cortejando os ricos e poderosos para poder sobreviver, Marcial decidiu voltar para a obscuridade da sua Bílbilis, onde morreu entre 101 e 104 d.C.

O realismo, amiúde tido por pornográfico, com que ele soube impiedosamente fixar os vícios de sua época, quando a liberdade de costumes não se distinguia da desbragada licenciosidade, fez dele, ao lado do seu contemporâneo e amigo Juvenal, um dos maiores satíricos de todos os tempos, particularmente admirado pela concisão, malícia e agudeza da sua copiosa epigramística.

A tradução das peças aqui incluídas foi feita sobre o texto latino estabelecido e anotado por Pierre Richard (*Les épigrammes de Martial*, Paris, Garnier, 1931).

OVÍDIO

Nascido numa família rica de Sulmona, a leste de Roma, Públio Ovídio Naso (43 a.C.-18 d.C.) fez seus estudos na capital do Império, onde viveu durante o reinado de Augusto. Foi amigo de Horácio e Propércio, pois preferiu dedicar-se à poesia em vez de praticar o direito que estudara e que seu pai queria vê-lo seguir. Seus versos lhe deram grande popularidade na chamada boa sociedade romana. Teve a carreira interrompida todavia no ano 8 d.C., quando foi banido de Roma pelo imperador e teve de exilar-se em Tômi, na costa do mar Negro (Romênia), onde morreu. A causa do exílio parece ter sido, ao menos em parte, a obscenidade de sua famosa *Arte de amar*.

À pedagogia impessoal e algo enfadonha desse manual de conquista amorosa preferi o depoimento, mais pessoal e mais convincente, dos *Amores*, possivelmente o livro de estréia de Ovídio, cujo prestígio durante o Renascimento não se deveu porém nem a ele nem à *Arte de amar* e sim às narrativas da mitologia greco-romana compendiadas nas suas *Metamorfoses*.

A tradução dos fragmentos aqui antologiados foi feita sobre o texto latino estabelecido por Émile Ripert (*Les amours*, Paris, Garnier, 1941). A referência à "bruxa de Enéias", no último fragmento, tem a ver com Medéia, sobrinha de Circe (Enéia era uma ilha próxima à de Ea, onde vivia Circe) e esposa de Jasão, que se celebrizou na mitologia grega como feiticeira; as feiticeiras de então costumavam fazer pequenas figuras de lã, imitando pessoas vivas, e trespassá-las com agulhas para ferir as ditas pessoas.

DA PRIAPÉIA

Priapéia é o nome dado ao conjunto de poemas sobre Priapo, deus grego da fertilidade. Tido como filho de Dioniso e Afrodite, Priapo era sempre representado com o falo ereto e lhe cabia guardar, em estátua, os jardins, vinhedos e pomares da cobiça dos ladrões, donde as ameaças jocosas que lhes faz na Priapéia, onde sempre assume a elocução. A Priapéia latina, que fora precedida pela grega e da qual nos chegaram cerca de oitenta epigramas sob o título de *Carmina Priapea*, foi atribuída por Suetônio a Virgílio, mas parece ter sido obra de vários autores, que não chegaram a ser identificados.

Os epigramas de *Carmina Priapea* aqui incluídos foram vertidos do texto latino estabelecido, comentado e traduzido em inglês por W. H. Parker (*Priapea: poems for a phallic god*, Londres-Sidney, Croom Helm, 1988).

ADIVINHAS MEDIEVAIS FRANCESAS

As amostras traduzidas procedem de uma coleção de 575 adivinhas francesas compiladas e publicadas em Flandres (região da França e da Bélgica ao longo do mar do Norte) no século XV, embora algumas remontem até o século VIII. Dessa coleção, o medievalista Bruno Roy selecionou e estudou 28 em "O humor erótico no século XV", ensaio que figura no volume por ele organizado *L'erotisme au Moyen Âge* (Estudos apresentados ao Terceiro colóquio do Instituto de estudos medievais da Universidade de Montreal; Montreal-Quebec, Ed. de l'Aurore, 1977). Os números que encimam as adivinhas traduzidas são os desse volume.

Segundo Bruno, a singularidade de se publicarem adivinhas populares obscenas numa época aristocrática como o século XV francês se pode explicar como reação à decadência da poesia do amor cortês. Esta havia perdido o vigor expressivo devido ao seu convencionalismo metafórico, "sem mais relação com os sentimentos reais". Tais sentimentos encontraram porém uma via direta de manifestação "no folclore infantil e nos ditos de tavernas e bordéis", em cuja desbocada malícia Roy vê com razão subsídio importante para "uma arqueologia da sexualidade".

DOS CARMINA BURANA

Os *Carmina Burana* (Poemas do burel) são uma coletânea de canções e sátiras em prosa que datam na sua maior parte do século XIII e estão compostas em latim e alemão médio. Quem descobriu a coleção foi o bibliotecário da Biblioteca Real de Munique, F. Christoph von Aretin, cabendo a seu sucessor J. A.

Schneller publicá-la em livro. Costuma-se atribuir os *Carmina Burana* a uma suposta ordem de monges vagabundos, os goliardos, que viviam uma vida boêmia pelas estradas e tavernas da Europa na baixa Idade Média, celebrando em verso os prazeres do vinho, das mulheres e do jogo. O curioso, nessas canções, é a indiscriminada mistura de temas sacros e profanos, chegando estes, por vezes, a um aberto erotismo, como na canção aqui traduzida do original latino transcrito por Jean Gagné em "O erotismo na música medieval", estudo que figura em *L'erotisme au Moyen Âge*, ed. cit., p. 103.

DA POESIA PROVENÇAL

Antes de, a pretexto de heresia, ser dizimada pela Cruzada Albigense do século XIII, a civilização aristocrático-feudal da Provença pôde desenvolver no sul da França a primeira das literaturas modernas a atingir a plenitude. Vazada em provençal, língua românica, ela exceleu no domínio da poesia. Trovadores e jograis criaram refinadas e intrincadas formas de versificação para, com grande mestria, cultivar temas ligados à guerra, à honra e, sobretudo, ao amor. O amor cortês, bem entendido, dentro de cujas convenções o poeta confessava a paixão que afetava sentir por uma dama ou dona casada a que aspirava ter como patrocinadora.

O poema para aqui trazido é um *partimen*, espécie de desafio ou troca de argumentos entre dois poetas acerca de uma questão proposta por um deles. Este *partimen* remonta aos meados do século XIII, à última fase, portanto, da poesia provençal. Nele avulta uma oposição entre amor carnal e amor não-carnal que já mostra o ocaso do código do amor cortês, no qual não vigorava uma oposição que tal. A tradução foi feita sobre o texto provençal, que a duras penas deslindei com o auxílio da gramática e do glossário de Vincenzo Crescini (*Manuale per l'avviamento agli studi provenzali*, Milão, Hoepli, 1926, 3ª ed.), mas com recurso constante a uma versão em francês moderno (*Les troubadours*, antologia bilíngüe, introdução, seleção e versão francesa de Jacques Roubaud, Paris, Seghers, 1971). Procurei respeitar a métrica, a estrofação e as palavras-chave do original, embora não tivesse conseguido seguir à risca o esquema birrímico de cada estrofe. Para traduzir *d'aval*, "embaixo", e *d'amon*, "no alto" — maliciosa oposição onde se concentra o sal do poema —, preferi manter, ao pé da letra, "vale" e "monte".

ANÔNIMO (FRANÇA, SÉCULO XV)

O poema consta na antologia *Poésie erotique de la langue française* de Marcel Beaulu (Paris, Seghers, 1983), sem nenhuma indicação da fonte de onde foi tirado.

ARETINO

Filho de sapateiro, Pietro Aretino (1492-1556) foi uma das figuras mais espantosas da Renascença italiana. Aprendeu a ler sozinho quando, menino ainda, trabalhou de aprendiz na oficina de um tipógrafo-encadernador de livros. Quando chegou a Roma aos vinte anos de idade, logo se fez notar pela virulência de seus poemas satíricos, em que ridicularizava os figurões da nobreza e do clero. Tornou-se temido dos poderosos de cujos favores vivia, donde ter recebido o epíteto de "flagelo dos príncipes", e caiu nas boas graças do papa Leão X. O escândalo causado pela divulgação dos seus *Sonetos luxuriosos* foi a suposta causa de sua fuga para Veneza, cidade em que viveu como nababo até o fim da vida. Esses sonetos foram inspirados em quadros eróticos do pintor Giulio Romano, amigo do poeta, a exemplo de outros grandes pintores italianos do século XVI.

Os dois sonetos aqui transcritos (de *Sonetos luxuriosos*, tradução e ensaio crítico de J. P. Paes, Rio de Janeiro, Record, 1981), bem como a Dúvida e Resolução que os segue e em que Aretino parodia o latim jurídico da época, foram vertidos do texto italiano de uma reimpressão moderna (Editori Associati, Roma, 1966) de *Dubbi amorosi*, *Altre dubbj* e *Sonnetti Lussuriosi di Pietro*

Aretino, datados de Roma, 1792, com o colofão zombeteiro de "Nella Stamperia Vaticana con privilegio di Sua Santitá".

MAROT

Camarista do rei Francisco I, Clément Marot (1496-1544) foi poeta da corte francesa, o que não impediu sofresse perseguições por causa de suas simpatias protestantes e tivesse de fugir para Genebra no fim da vida. Em sua obra, as velhas formas poéticas da Idade Média convivem com as novas formas da Renascença italiana, como o soneto petrarquiano, de que foi o introdutor na literatura de sua pátria. Um aspecto marcante da poesia de Marot é o seu "élegant badinage", a facécia elegante de um humor amiúde rabelaisiano, como nos dois exemplos para aqui trazidos. A tradução foi feita sobre o texto francês dado na antologia *Poésie erotique de la langue française* de Marcel Beaulu, ed. cit.

RONSARD

Uma surdez prematura impediu Pierre de Ronsard (1524-1585) de seguir a carreira militar e diplomática e o fez voltar-se para a literatura. Depois de estudar os autores gregos e latinos, escreveu e publicou ele as suas *Odes* em 1550; nelas imitava Horácio e Píndaro, bem dentro do espírito da Plêiade, grupo de poetas a que pertenceu e que buscava reabilitar e renovar a poesia francesa seguindo os modelos greco-latinos e italianos. Mais tarde, ainda sob o influxo clássico, Ronsard cultivou o soneto petrarquiano. Pelo apuro formal e pela vividez das imagens, que celebram o gosto da liberdade, a alegria de viver e os prazeres do amor, Ronsard se consagrou como o principal poeta da França do século XVI. O soneto aqui incluído, bem ilustrativo da sua inspiração erótica, foi traduzido da antologia de Marcel Beaulu citada acima.

JODELLE

Alistado no grupo da Plêiade por Ronsard, o parisiense Etienne Jodelle (1532-1573) praticou as modalidades de poesia lírica em voga no século XVI, tais como sonetos, odes, epístolas, elegias etc. Mas o que lhe tornou o nome conhecido foram as suas tragédias e comédias em verso, que assinalam o surgimento do teatro clássico francês. Na poesia erótica, além de ter deixado inconcluso um longo poema sobre a sodomia, escreveu um ciclo de sonetos priápicos, um dos quais é aqui traduzido da antologia de Marcel Beaulu, ed. cit.

MALHERBE

François de Malherbe (1555-1628) foi poeta laureado da corte de Henrique IV da França e boa parte de suas odes, estâncias, sonetos e canções está dedicada a membros da realeza e da nobreza. Malherbe evoluiu de certa exuberância barroca para uma expressão mais simples e mais precisa. Deu ênfase à pureza da língua, ao uso de vocábulos lidimamente franceses em contraposição aos empréstimos eruditos do grego, do latim e do italiano postos a circular pelos poetas da Plêiade. Cultuou também os ideais de ordem, racionalidade e clareza que iriam dominar depois a literatura da Ilustração francesa.

O soneto foi traduzido da antologia de Marcel Beaulu.

DO SÉCULO DE OURO ESPANHOL

Por essa denominação ficou conhecida a época que se estende da segunda metade do século XVI pelo século XVII afora. Paralelamente ao poderio político e econômico alcançado pela Espanha durante os reinados de Carlos V e Filipe II, floresce a sua cultura, notadamente no campo da literatura, onde pontificam expoentes como Cervantes, Lope de Vega etc. No terreno da poesia, ao lado de Garcilaso e de Quevedo, destaca-se Luis de Argote y Gongora (1651-1627), o corifeu do barroco literário espanhol, com a sua dicção recheada de intrincadas alusões (culteranismo) e imagens fulgurantes, sobretudo nas *Soledades* (1613); na poesia mais ligeira, o culteranismo se abranda em malícia alusiva, como nas duas letrilhas aqui traduzidas da antologia de M. R. Barnatán e J. García Sanchez, *Poesia erótica castellana* (*del siglo X a nuestros dias*), Madri, Ed. Jucar, 1974. As demais composições, todas elas anônimas, desse grupo, são de *Poesia erótica del siglo de oro*, antologia organizada por Pierre Alzieu, Robert Jammes e Yvan Lissorgues (Madri, Ed. Crítica, 1984), onde estão recolhidas, além de "O jardim de Vênus", coletânea do século XVI, composições líricas esparsas, de índole popular e folclórica, todas anônimas, embora algumas das de índole satírica mais cáustica fossem injustificadamente atribuídas a Quevedo.

RÉGNIER

Não obstante tivesse estudado teologia com vistas à carreira religiosa, Mathurin Régnier (1573-1613) levou uma vida de libertinagem. Enquanto poeta, opôs-se ao classicismo de Malherbe e retomou a lição de Villon e Rabelais para, com veia satírica, pintar os vícios da sociedade francesa de sua época.

O epigrama aqui antologiado foi traduzido da coletânea de Marcel Beaulu citada mais atrás.

HERRICK

Filho de ourives, Robert Herrick (1591-1674) estudou em Cambridge, tomou ordens religiosas, e foi pároco. Na juventude, viveu uma existência dissoluta em Londres, que está refletida nas graciosas e inspiradas peças líricas de *Hespérides* (1648), por vezes maliciosas até a obscenidade, o que justifica ter ele sido considerado como "o mais abertamente pagão dos poetas ingleses".

"A vinha" foi traduzida de *An anthology of erotic verse*, organizada e prefaciada por Derek Parker (Londres, Constable, 1980).

VON LOGAU

Friedrich von Logau (1604-1655) pertence ao período barroco da literatura alemã. Dedicou-se principalmente ao epigrama, que cultivou em termos de um moralismo que antecipa o do racionalismo francês do século XVIII. Em seus epigramas, Von Logau criticou sobretudo o cosmopolitismo dos costumes, a intolerância religiosa e os desregramentos eróticos.

"A boa dieta" foi vertida do original alemão que consta em *Rise nacht Cythera: Erotische Texte aus vielen Jahrhundert*, antologia organizada por Ludwig von Brunn e prefaciada por Franz Blei (Hamburgo, Gala, s.d.).

LA FONTAINE

Filho de burgueses, Jean de La Fontaine (1621-1695) pôde entregar-se a uma vida de ócio e dar vazão ao seu talento de poeta graças à proteção de patrocinadores nobres, em cujos salões conviveu com escritores da importância de La Rochefoucauld, Racine, Molière e Boileu. A publicação de suas encantadoras *Fábulas* (1688-1694), inspiradas nos clássicos greco-latinos do gênero e no fabulário indiano, embora se voltassem mais para os costumes, vícios e valores da sociedade francesa de sua época, deu-lhe pronta e geral nomeada. Além dessas fábulas, La Fontaine escreveu, também em verso, *Contos* licenciosos sobre temas amiúde tomados de empréstimo a Boccaccio. O epigrama escolhido para ilustrar-lhe a inspiração erótica foi traduzido da antologia de Marcel Beaulu.

POESIA DA RESTAURAÇÃO INGLESA

Na história da Inglaterra, chama-se Restauração o período que se seguiu à morte de Cromwell e que foi marcado pela reação contra a revolução puritana. Teve início em 1660, com o restabelecimento de Carlos II no trono, e se estendeu até o fim do século. O caráter libertino do rei, que desfrutara largamente dos prazeres da corte francesa durante o tempo do seu exílio, dá o tom dessa época de brilhante vida mundana, cuja devassidão era uma forma natural de alívio após o puritanismo da ditadura de Cromwell. Durante a Restauração assistiu-se a um grande florescimento da literatura e do saber filosófico-científico, em que se destacaram figuras como Dryden, Congrave, Locke e Newton. No domínio da poesia, de par com as tendências neoclássicas, emerge uma lírica erótica que não teme chegar até a obscenidade; nela se faz sentir de perto o influxo do espírito libertino típico dos séculos XVII e XVIII europeus, que acalentou o ideal de liberdade tanto na religião, na política e nas artes quanto na vida sexual.

Os poemas da Restauração inglesa para aqui trazidos foram traduzidos de uma antologia organizada por John Adland (*The fruit of that forbidden tree: Restoration poems, songs and jests on the subject of Sensual Love*; Chadler, Chesire, Ingl., Carcanet Press, 1975) em que estão recolhidos não apenas textos de autores conhecidos como também composições anônimas divulgadas nos almanaques da época, a exemplo de *Nugae Venales*, *Wit's Cabinet* e outros.

O conde de Rochester, John Wilmot (1647-1680) celebrizou-se como um dos mais dissolutos cortesãos de Carlos II e deixou um bom número de poemas ligeiros, de uma carnalidade sem rebuços. O rei a que se refere o seu "Quarteto" é o próprio Carlos II, de quem Nell Gwyn, atriz cômica, foi amante, tendo-lhe dado dois filhos; outra amante do rei, a duquesa de Portsmouth, francesa de nascimento, influenciou-lhe o espírito em favor da França, pelo que se tornou odiada dos ingleses; o cardeal Mazarino foi o principal ministro de Luís XIV, com quem Carlos II assinou o tratado secreto de Dover, em conseqüência do qual a Inglaterra se envolveu na terceira guerra holandesa. Samuel Butler (1612-1680), poeta satírico da Restauração, escreveu entre outras coisas o *Hudibras*, célebre poema herói-cômico inspirado no *D. Quixote* e que põe a ridículo os puritanos de Cromwell.

ROUSSEAU

O autor desse epigrama, traduzido da antologia de Marcel Beaulu, não deve ser confundido com o autor de *O contrato social*. Menos famoso do que esse seu quase homônimo, Jean-Baptiste Rousseau (1671-1741) foi considerado, não obstante, um dos grandes líricos do século XVII francês. Teve de viver mais de vinte anos fora da França, no exílio, devido à acusação de ter escrito versos ofensivos às instituições. Além de odes, cantatas, epigramas, epístolas e outros gêneros poéticos, escreveu várias comédias.

WIELAND

Formado no ambiente do pietismo luterano, Christoph Martin Wieland (1733-1813) cedo se libertou dele para afirmar-se um livre-pensador segundo o modelo voltairiano. Autor de romances, dramas e narrativas em verso (*Oberon*, 1780), viveu parte de sua vida na corte de Weimar, ao lado de Goethe e Schiller. Dentro do Rococó literário, destaca-se, no dizer de Otto-Maria Carpeaux, como um "libertino alegre" cujo erotismo não temia "ofender ouvidos castos". É o que se pode ver em seus *Contos cômicos*, que lhe deram o cognome de "Boccaccio alemão", e em peças líricas como "Pequena louvação", traduzida de *Reise nach Cythera*, ed. cit.

GOETHE

No panorama daquela *Weltliteratur* ou literatura mundial por ele próprio sonhada, Johann Wolfgang von Goethe (1749-1832) costuma ocupar um posto de honra entre os gênios transnacionais, ao lado de Homero, Dante e Shakespeare. Filho de burgueses afidalgados, fez ele os estudos nas universidades de Leipzig e Estrasburgo. Nesta última sofreu forte influência do seu mestre Herder, o qual opunha, à artificialidade do gosto neoclássico então dominante, a "naturalidade" bravia e/ou popular de Homero, Shakespeare, Ossian e dos cantos folclóricos, onde os pré-românticos iriam buscar as fontes de inspiração. Os primeiros sucessos literários do jovem Goethe, o drama *Goetz* e o romance *Werther*, exprimem e aprofundam superiormente o novo gosto romântico. A partir de 1755, a convite do duque de Weimar, um pequeno Estado livre, o já então famoso Goethe ali se fixa e se torna ministro da Coroa. Entre 1788 e 1790, para espairecer dos deveres oficiais em Weimar, que se tornara por essa altura a capital intelectual da Alemanha, ele faz duas viagens à Itália. Redescobre então não só o fascínio do mundo antigo, responsável pelo classicismo da sua obra de maturidade, em contraposição ao romantismo de sua obra de juventude, como também o segredo de uma vida mais simples, mais ardente e mais sensual. Disto dá ele testemunho poético nas suas *Elegias romanas* e nos seus *Epigramas venezianos*. Embora tais epigramas tivessem sido publicados em livro em 1790, os de índole mais picante (aqui traduzidos da antologia *Reise nach Cythera*, ed. cit.) só chegaram ao conhecimento público em 1907. Tanto quanto a lírica admirável do *Divã ocidental-oriental* (1781), os *Epigramas venezianos* mostram que, em meio às preocupações místico-metafísicas celebradas no *Fausto* (1808, 1832), mantiveram-se vivas, na polimorfa personalidade do Goethe maduro, os ímpetos da sua anacreôntica juventude.

IRIARTE

Esse soneto de Tomás de Iriarte (1750-1791), comediógrafo, fabulista e poeta satírico espanhol, de tendências neoclássicas (traduziu inclusive a *Arte poética* de Horácio), consta na antologia de Barnatán e Sanchez, *Poesia erótica castellana*, ed. cit.

BÉRANGER

Pierre-Jean de Béranger (1780-1857) foi um cançonista parisiense que acabou por se tornar o grande poeta popular da França na primeira metade do século XIX. Suas *Canções*, publicadas em vários volumes, ora celebram o amor e a juventude em diapasão báquico, ora atacam revolucionariamente os padres e os nobres, ecoando os ideais da Revolução Francesa.

"O rato" foi traduzido da antologia de Marcel Beaulu, ed. cit.

DO FOLCLORE DA CALÁBRIA

Os poemas aqui traduzidos procedem de *Poesia erotica popolare in Calabria* (Cosenza, Ed. Brenner, 1980), antologia organizada e prefaciada por Domenico Scafoglio. Tais poemas, que no entender do antologista "fornecem um inventário das práticas eróticas, princípios não-escritos de uma ética sexual popular, fragmentos de uma 'filosofia' do sexo e do amor", foram recolhidos da tradição oral nos meados do século XIX e nos primeiros anos do século XX.

BELLI

A poesia de Giuseppe Gioachino Belli (1791-1863) ilustra a vertente dialetal do romantismo italiano. Nos mais de 2 mil sonetos que escreveu nos vagares de suas obrigações de funcionário público, Belli retratou a vida patrícia e plebéia da Roma do seu tempo, no dialeto falado pelo povo das ruas. Muitas de suas sátiras pintam a corrupção do clero e da corte papal, no que foi ele um continuador de Aretino. Outrossim, como a deste, sua musa obscena se compraz em acentuar "o aspecto mecânico do coito, privando-o de todo e qualquer atributo psicológico", conforme observa Guido Almansi (*L'estetica dell'osceno*, Einaudi, 1974, p. 9). Bem aretiniano — compare-se com o XI soneto luxurioso, incluído na presente coletânea — é o fecho do soneto de Belli aqui traduzido pelo texto da edição Gibellini-Vigolo dos seus *Sonetti* (Milão, Mondadori, 1984). Na tradução, não se fez, por sabê-la antecipadamente fadado ao malogro, qualquer tentativa de preservar o mínimo que fosse do sabor dialetal da dicção belliana.

GAUTIER

Tendo começado sua carreira de artista pela pintura, Théophile Gautier (1811-1872) logo a abandonou para se dedicar inteiramente à literatura. Em seu romance *Mademoiselle de Maupin* (1836), ao retratar uma paixão erótica em termos de celebração da beleza pagã, advogou ele o culto da arte pela arte e pôs à mostra o seu talento para a descrição plástica. E no título da sua principal coletânea de versos, *Esmaltes e camafeus* (1852), deixou manifesto um gosto pela ourivesaria verbal que faz da poesia uma arte quase plástica, como a sonhou o parnasianismo, de que Gautier se inculca o grande precursor.

"Moralidade" foi traduzido da antologia de Marcel Beaulu, ed. cit.

WHITMAN

Ainda que tivesse sido o primeiro poeta verdadeiramente nacional dos Estados Unidos, Walt Whitman (1819-1892) só foi reconhecido como tal muito tardiamente, já no fim da vida. Isso por causa não só das suas audácias de forma — foi o primeiro a introduzir na literatura de língua inglesa o verso livre, inspirado nos versículos da Bíblia e dos Vedas — como de suas audácias de pensamento: foi o cantor da democracia e da liberdade, inclusive sexual, numa época cada vez mais dominada pela oligarquia do dinheiro e pela estreiteza moral de um puritanismo de longa data. Invoca-se amiúde a homossexualidade confessa de Whitman para explicar a dificuldade de aceitação de sua poesia por parte dos seus compatriotas. Mas só muito ocasionalmente é que ela se manifesta na sua obra, cujo centro é ocupado por uma sensualidade cósmica que ultrapassa as compartimentações para abarcar todos os seres e coisas da natureza. Tal sensualidade sem fronteiras levou-o inclusive a celebrar, com igual força de convicção, o amor heterossexual em "Uma mulher espera por mim". Como toda a obra poética de Whitman, esse poema faz parte das *Folhas de relva*, inicialmente publicadas em 1855 num pequeno volume financiado pelo poeta, volume sucessivamente aumentado de novos poemas até a edição definitiva de 1882, feita ainda em vida do autor. Para a tradução, usou-se o texto da edição Mentor (*Leaves of grass*, introd. de Sculley Bradley, Nova York, New American Library, 1954).

BAUDELAIRE

Desde o processo judicial a que teve de responder pela suposta imoralidade de *As flores do mal*, publicadas em livro em 1857, seu autor se afirmou como um artista essencialmente de ruptura — ruptura que marcou o advento da própria modernidade no domínio da poesia. Depois de perder o pai quando contava apenas seis anos de idade, Charles Baudelaire (1821-1867) jamais se conformou com o segundo casamento de sua mãe, que o levou desde cedo a atitudes de rebeldia. Interrompeu o curso de direito, dissipou em pouco tempo a herança paterna que lhe coube, e passou a viver uma existência irregular e boêmia cujos excessos, ainda que não o impedissem de cumprir o seu alto destino de poeta, o levaram a uma morte prematura.

Cabe a Baudelaire o mérito de ter descoberto pioneiramente, nos vícios e na feiúra industrial da Metrópole moderna, o *frisson* de uma nova beleza toda feita de contrastes gritantes. No domínio desses contrastes se inclui o próprio satanismo do poeta, cristão às avessas que, cultivando com refinamentos perversos o seu erotismo, encontra na aguda consciência do pecado o mais excitante dos ingredientes. "As promessas de um rosto", aqui traduzido de "Les épaves", seção final de *Les fleurs du mal* (Paris, Librairie Mireille Ceni, 1963), pertence ao grupo de poemas que foram posteriormente acrescentados ao *corpus* da edição príncipe. Entre eles figuram peças condenadas como obscenas pelo tribunal que julgou aquela edição.

VERLAINE

Na vida do bem-nascido, bem-educado e bem-casado Paul Verlaine (1844-1896), o encontro com a adolescência maligna de Rimbaud em 1871 teve o efeito de um terremoto. Ele abandonou a esposa e a respeitabilidade na França para seguir o jovem companheiro numa vagabundagem meio doida pela Inglaterra e pela Bélgica. Depois do rompimento com Rimbaud, que chegou a dar-lhe um tiro, voltou para Paris e se converteu ao catolicismo, mas sem por isso abandonar a existência vagabunda e miserável de alcoólatra.

A poesia musical, vaga, melancólica e intensamente sugestiva de Verlaine, desde os ainda baudelairianos *Poemas saturnianos* (1867) até os evanescentes *Romances sem palavras* (1874) e coletâneas subseqüentes, assinala o trânsito, na literatura francesa, do parnasianismo ao simbolismo, que o teve como uma espécie de chefe de fila. A par das vaguedades simbólicas e dos arroubos religiosos de sua obra por assim dizer "oficial", o poeta jamais deixou de cultivar uma musa erótica sem rebuços cuja produção foi publicada clandestinamente. "Homenagem devida" provém da antologia de Marcel Beaulu, ed. cit.

RIMBAUD

A precocidade de Arthur Rimbaud (1854-1891), que aos dezenove anos de idade já tinha levado às últimas conseqüências a revolução poética iniciada por Baudelaire e antecipado na sua obra as principais conquistas da modernidade, é um verdadeiro milagre, para dizer pouco. A fim de livrar-se do autoritarismo da mãe, fugiu ele ainda adolescente de Charleville, no interior da França, onde nascera, e em companhia de Verlaine se entregou a uma existência rebelde, de boêmia e vagabundagem. Logo depois do seu rompimento com o "pauvre Lelian", escreveu e publicou *Uma temporada no inferno* (1873), espécie de autobiografia espiritual em que misturava prosa e verso. Num outro texto poemático em prosa, *As iluminações*, pôs em prática a sua teoria do vidente ou visionário, que bem exprime a índole da sua poesia inovadora. Através de notações herméticas, violências verbais, exploração do subconsciente, cultivo do alucinatório e irracional, essa audaciosa poesia preparou o caminho para o dadaísmo e o surrealismo.

Rimbaud decidiu deixar de escrever por volta de 1873 e trocou a França pela Abissínia, onde contrabandeou armas e contraiu uma grave infecção. Morreu dela num hospital de Marselha, deixando após si uma lenda de abdicação da literatura cujo mistério intriga ainda hoje os seus numerosos estudiosos. O soneto dele aqui incluído foi traduzido de: Arthur Rimbaud, *Les stupra, sonnets*, Paris, Imprimerie Particulière, 1900. Ao que parece, porém, escreveu-lhe só os tercetos, sendo os quartetos de autoria de Verlaine.

APOLLINAIRE

Ao afrancesar o nome polonês que recebera da mãe, Guillaume Apollinaire (1880-1918), nascido em Roma e educado em Mônaco, não fez mais do que ajustá-lo à sua nacionalidade literária eminentemente francesa: melhor ainda, parisiense. Amigo de Braque e Picasso, transpôs ele os procedimentos do cubismo para a sua própria poesia, onde reina a justaposição de motivos díspares, a colagem de citações prosaicas, a insistência em imagens dinâmicas, a espacialização de palavras sob a forma de caligramas. Outrossim, ao abolir os nexos puramente lógicos, antecipou a escrita automática do surrealismo, designação de que foi o inventor. Em 1914 alistou-se no exército francês, foi ferido em combate e morreu dois dias antes do Armistício.

Apollinaire se dedicou profissionalmente, por assim dizer,

à literatura erótica. Traduziu Aretino em francês, organizou uma Bibliografia e várias antologias de autores "libertinos", escreveu dois romances e uma coletânea de poemas eróticos. Os dois aqui traduzidos foram extraídos de: Guillaume Apollinaire, *Poèmes libres*, pref. de Michel Dédaudin, Paris, Jean-Jacques Pauvert, 1978.

PÉRET

O poeta e ensaísta francês Benjamin Péret (1899-1959), um dos fundadores do surrealismo, editou os primeiros números da revista oficial do movimento, *A revolução surrealista*. Esteve duas vezes no Brasil, em 1929 e 1955, mantendo contacto com os nossos modernistas. Da obra ortodoxamente surrealista de Péret, disse André Breton, de quem ele foi amigo e fiel companheiro de lutas: "Nunca antes as palavras — e aquilo que elas designam —, libertadas de uma vez por todas da domesticação, haviam manifestado tal regozijo". No caso de "As ferrugens engaioladas", que Marcel Beaulu (de cuja antologia foi traduzido o fragmento aqui incluído) considera a mais célebre obra de Péret, esse regozijo vai do erótico ao bufo.

RADIGUET

Conhecido especialmente por *Le diable au corps* (O diabo no corpo, 1923), romance de que foi feita mais de uma adaptação cinematográfica, o poeta e ficcionista francês Raymond Radiguet (1903-1923) foi um adolescente-prodígio descoberto por Jean Cocteau. Morto ainda muito jovem, destacou-se como um dos mais talentosos escritores do pós-guerra de 1918. Embora tivesse publicado duas coletâneas de poemas, a peça aqui traduzida da antologia de Marcel Beaulu não pertence a nenhuma delas. Apareceu inicialmente numa pequena edição de *Versos livres* publicada fora de comércio e sem data.

LIMERICKS MODERNOS

O *limerick* é um tipo de poema humorístico de uma só estrofe de cinco versos rimados. Tipicamente inglês, tem por modelo de eleição a poesia disparatada, *non-sense*, de Edward Lear. As peças aqui traduzidas, todas elas anônimas e compostas na década de 1940, constam em *Desire: erotic poetry through the ages*, antologia organizada por William Packard, com prefácio de Richard Eberhart (Nova York, St. Martin's Press, 1980).

D. H. LAWRENCE

A perseguição empreendida pela censura contra *O amante de Lady Chatterley*, romance que, editado em 1928, foi logo em seguida proibido de circular na Inglaterra e nos Estados Unidos sob a acusação de obsceno, tornou internacionalmente conhecido o nome de David Herbert Lawrence (1885-1930). Filho de um mineiro de carvão de Nottingamshire, Inglaterra, D. H. Lawrence foi professor primário antes de decidir-se a viver exclusivamente do seu trabalho de ficcionista, ensaísta e poeta. Isso aconteceu quando da publicação do seu primeiro romance, *O pavão branco*, em 1911. No ano seguinte, fugiu para a Itália com a esposa de um professor universitário, Frieda von Richthofen, e lá com ela se casou assim que ela conseguiu obter o divórcio. O casal Lawrence viveu a maior parte do tempo fora da Inglaterra, na Itália, na Austrália e no Novo México, regiões em que se ambienta parte da obra de ficção de D. H. Lawrence.

Plebeu de nascimento e formação, e puritano à sua maneira, ele foi, tanto nessa modalidade de prosa quanto na sua poesia propriamente dita, um gênio lírico que infundiu a transbordante vida dos sentidos no intelectualismo algo anêmico da literatura inglesa da sua época. Aliás, D. H. Lawrence sempre se insurgiu contra o excessivo primado do cerebrino na civilização moderna. Contra semelhante primado, exaltou a carnalidade do ser humano, os seus vínculos com a vida cósmica, sob a égide dos "obscuros deuses do sangue", postura que transparece no poema aqui traduzido de *An anthology of erotic verse*, organizada por Derek Parker, ed. cit.

NERUDA

Pablo Neruda foi o nome literário com que se notabilizou o poeta chileno Neftalí Ricardo Reyes (1904-1973), prêmio Nobel de literatura de 1971. Diplomata de carreira, vivia na Espanha por ocasião da Guerra Civil, que lhe inspiraria um livro de poemas politicamente engajados, *Espanha no coração* (1936). Sua ulterior filiação ao Partido Comunista o levou a cultivar regularmente esse tipo de poesia, cuja expressão mais ambiciosa está no *Canto geral* (1950). Bem antes disso, Neruda já cultivava o lirismo amoroso (*Vinte poemas de amor e uma canção desesperada*, 1924). Mas o ponto mais alto de sua dicção lírica, na qual a pletora metafórica da tradição de Gôngora se enriquece com as surpresas da imagem surrealista, se encontra no telurismo de *Residência na terra* (1933) e na concretude da "poesia de coisas" das *Odes elementares* (1954), vertente a que pertence "Cavalheiro só", traduzido da antologia de Barnatán e Sanchez, *Poesia erótica castellana*, ed. cit.

JOYCE MANSOUR

Nascida em Bowden, Inglaterra, em 1928, viveu a primeira parte de sua vida no Egito, onde se casou. Transferiu-se mais tarde para Paris, ali estreando como poeta de expressão francesa em 1953, com *Gritos*, livro a que pertence o poema aqui traduzido, o qual consta na antologia de Marcel Beaulu, ed. cit. Desde então Joyce Mansour se integrou no movimento surrealista, de cujas atividades participou com destaque, inclusive da 10ª exposição internacional surrealista, dedicada ao erotismo. Sua bibliografia de poeta inclui vários outros volumes, entre eles *Rasgões*

(1956), *Rapaces* (1966), *O azul dos fundos* (1970) etc. Contribuiu ela com um texto inédito para a revista surrealista brasileira *Phala* (1967), dirigida por Sérgio Lima. Joyce Mansour faleceu no início dos anos 80, em data que não consegui apurar.

José Paulo Paes nasceu em Taquaritinga, São Paulo, em 1926. Estudou química industrial em Curitiba, onde publicou seu primeiro livro de poemas, em 1947. Trabalhou num laboratório farmacêutico e numa editora de livros, aposentando-se para poder dedicar-se inteiramente à literatura. Pesquisador, tradutor, ensaísta e poeta, também foi colaborador regular na imprensa literária. Morreu em 1998. Pela Companhia das Letras publicou *A aventura literária* (1990), *Prosas seguidas de* Odes mínimas (1992) e *Socráticas* (2001), e pela Companhia das Letrinhas, *Uma letra puxa a outra* (1992), *Um número depois do outro* (1993), *A revolta das palavras* (1999) e *Ri melhor quem ri primeiro* (1998).

1ª edição Companhia das Letras [1990] 4 reimpressões
1ª edição Companhia de Bolso [2006]

Esta obra foi composta pela Verba Editorial
em Janson Text e impressa pela Geográfica em ofsete
sobre papel Pólen Soft da Suzano Bahia Sul